JN417382

술라
Sula

서숙 교수의 영미소설 특강 5

Sula by Toni Morrison

술라

서숙 지음

이화여자대학교출판부

〈서숙 교수의 영미소설 특강〉 시리즈를 펴내며

대학에서 영미소설을 강의한 지 20여 년이 훨씬 넘어가고 있을 때였다. 두 번째 안식년을 다녀온 그해 가을 학기, 나는 물었다. 그동안 내가 했던 그 많은 강의들은 다 어디로 갔나. 나와 함께 책을 읽었던 그 많은 학생들, 그들은 모두 어디서 무엇을 하나.

〈영미소설 특강〉 시리즈는 이런 질문에서 시작되었다. 나는 강의실에서 소설을 읽으며 우리가 거쳐 간 그 강렬했던 지적·정서적 경험을 되살리고 싶었고, 우리에게 살아 있음을 깨닫게 해주었던 그 순간들을 기억해내고 싶었다. 그들과 나의 사라진 시간에 정체성을 부여하고 싶었다.

지구력과 인내가 요구되는 특강 시리즈를 이런 개인적인 느낌만으로 시작한 것은 물론 아니다. 〈주홍글자〉, 〈위대한 개츠비〉, 〈허클베리 핀의 모험〉, 〈여인의 초상〉, 〈술라〉 등으로 이어지는 이 강의록을 통해 일반 독자들이 영미소설과 문화를 이해하는 데 일조하고 싶다는 마음도 크다. 그리고 무엇보다도 강의라는 형식의 글쓰기를 통해 소설 읽기의 즐거움과 소설 공부하기의 훈련이 별개의 것이 아님을 확인하고 싶다. 외국어라는 암호를 일단 풀어야 하는 경우에는 더욱 그렇다. 강의로 끝나버리는, 허공으로 사라지는 의미와 말들을 다시 붙들어 응시하면서 나는 활자가 열어주는 무궁한 세계를 재발견하는 듯하다. 그렇다. 까맣고 또렷한 글자들은 영롱한 생명을 품고 있는 씨앗들이다. 우리 눈에, 가슴에 뿌려진 씨앗들은 언젠가 싹을 피워낸다. 이 막강한 영상매체의 시대에 활자의 힘에 대한 이 깨달음은 나에게 새삼스럽고 소중하다.

나와 함께 소설을 읽으며 우리들의 텃밭을 가꾸었던 젊은이들에게 이 책을 드린다. 이 시리즈를 기획한 김용숙 선생님과 출판부장 김훈순 선생님, 그리고 편집을 담당한 이혜지 선생님에게 감사드린다.

서 숙

차례

Sula by Toni Morrison

시작하면서

여러분 안녕하세요? 오랜만입니다. 새 학기에 첫 강의실에서 여러분과 만나는 일은, 그래요, 언제나 긴장되고 설레는 일이에요. 게다가 좋아하는 작품을 우리가 함께 읽고 이야기하고 질문하는 것, 공감하고 비판하고 성찰하게 되는 것, 무엇과도 바꿀 수 없는 소중한 경험이라고 생각합니다.

이번에 우리가 읽을 토니 모리슨Toni Morrison의 『술라Sula』, 이 소설에 대해 여러분이 어떤 반응을 보이게 될지 궁금해요. 흑인 작가의 소설을 처음 읽는 분들도 많지요? 토니 모리슨은 명실공히 현존하는 미국 최고의 작가입니다. 여러분도 아시겠지만 노벨문학상을 탄 최초의 흑인 작가지요. 『술라』는 그의 두 번째 소설이에요.

그의 많은 소설 중에서도 나는 이 소설을 특히 좋아합니다. 무엇보다 짧아요. 압축되어 있어요. 밀도 높고 박력 있는 문장으로 숨 가쁘게 읽히지요. 반면 그의 후기 작품들은 상당히 긴 장편들이에요, 나는 늘 생각해요. 『술라』는 엑기스 중의 엑기스라고. 이 소설 속에 그의 후기 작품들의 주제들이 생생하게 나타나고 있으니까요. 두 여성 인물, 술라와 그녀의 단짝 친구 넬, 이들에게 여러분이 어느 만큼 공감하는지 궁금해요. 그 공감의 근거는 무엇인지도 궁금해요. 자, 여러분과 내가 함께 이 책을 읽으면서 소중한 통찰력을 얻게 되기를 바랍니다.

* * *

소설 『술라』를 시작하기 전에 먼저 간단하게 물어볼까요? 미국의 흑인 문화라고 막연하게 말할 때 여러분은 누가 제일 먼저 떠오르는지요? 마일즈 데이비스? 오바마 대통령? 오프라 윈프리?

엄청난 재산가이자 최고의 영향력을 가진 그 오프라 윈프리가 얼마 전 스위스의 명품 숍에서 인종 차별을 받았다지요? 하여간에 이런 정치 · 문화 · 예술 분야의 슈퍼스타들이 떠오릅니다. 그래요. 여러분이 지금 가지고 있는 흑인 문화 전반에 대한 인식은 이 소설의 배경이 되는 20세기 초반의 그것과는 비교할 수가 없어요. 대도시의 슬럼가, 마약, 범죄… 물론 이런 요소들은 흑인 사회에만 국한되는 것이 아니지요. 그러나 흑인에 대한 과거의 인식은 노예 제도와 인종 차별에서 비롯된 미국 사회의 어두운 요소와 직결되고 있었어요. 그에 비하면 오늘날 흑인들의 위상의 변화, 그리고 디지털 정보 사회에 사는 여러분의 흑인 문화에 대한 인식의 변화는 거의 혁명적이지요.

미국 흑인 문학에 대해 논할 때 대개는 19세기 흑인 노예들의 자전적 기록 또는 일기에 대한 언급으로 시작해요. 그들의 노예로서의 삶과 체험을 다룬 글들이 미국 자서전 문학과 논픽션 전통에도 기여했다고 말하지요. 프레더릭 더글러스Frederick Douglass의 자전적 작품, 『프레더릭 더글러스의 삶의 이야기: 미국 노예Narrative of the Life of Frederick Douglass, An American Slave』(1845)가 그 대표적인 예입니다.

그는 이 책에서 흑인들이 노예 상태에서 벗어나는 길은 그들의 의식의 각성에 있다고 강조하고 있어요. 오랜 시간 고착된 노예 근성과 삶의 방식, 행동에 균열을 가하고 뒤엎기 위해서는 지속적이고 집단적인 의식의 변화가 필요하다는 것이지요. 이런 메시지 외에도 이 책에는 흑인들의 풍습, 춤과 노래, 이야기 등이 풍부하게 담겨 있어요.

흑인 문학은 20세기에 들어 만개했다고 할 수 있어요. 여러 요인이 있겠지만 특히 1차 대전으로 인한 서구 사회의 거대한 지각 변동과 관계있어요. 여러분이 소설과 영화로 익숙해진 '위대한 개츠비'의 시대, 방황하는 1920년대, 청교도적 가치관의 붕괴, 과학과 기술 문명, 시장 경제와 소비 문화의 거침없는 질주, 잘 아시지요?

이런 시대적 흐름 속에서 흑인 문화에 대한 미국인들의 태도에 변화가 오지요. 전쟁의 후유증이라고 할까요? 창백한 백인 문화에 대한 반발도 있었지요. 흑인 음악과 춤이 가지고 있는 원시적 생명력에 대한 매혹도 있었고요.

어쨌거나 1920년대에는 흑백 지식인들, 작가들, 예술가들 사이에 활발한 교류가 있었어요. 이에 자극을 받아 재즈와 춤, 뮤지컬 등의 분야에서 뉴욕의 흑인 거주지 할렘을 중심으로 할렘르네상스가 도래하지요. 이 시기부터 등장하기 시작한 대표적인 흑인 작가들을 간단하게 언급해보지요. 무엇보다 먼저 할렘르네상스 시대에 활동했던 두 명의 여성 작가가 떠오릅니다. 『패싱Passing』을 쓴 넬라 라슨Nella Larsen과 『그들의 눈은 신을 응시하고 있었다Their Eyes Were Watching God』의 조라 닐 허스턴Zora Neale Hurston. 이 두 작가의 소설은 여러 면에서 대조적이에요. 같은 시대, 같은 공간에서 움직였던 이들이 소설 속에 그려낸 흑인 여성의 삶은 계층과 배경에서 다르지만 노예 제도의 후유증과 현재 진행 중인 인종 차별이라는 공통점을 가지고 있어요.

『패싱』은 대도시의 흑인 중산층의 삶을 보여줍니다. 인종 차별의 낙인에서 벗어나기 위해 백인 행세를 하여 상류층 백인 남성과 결혼한 여성을 통해, 또 백인 동급생과 결혼한 피부 색깔이 옅은 흑인 여성을 통해, 발각에 대한 두려움, 2세의 피부 색깔에 대한 공포, 자신들의 뿌리와 격리된 소외감 등이 생생하게 그려집니다.

『그들의 눈은 신을 응시하고 있었다』는 작은 마을의 아름답고 가난한 흑인 소녀가 백인 교사에게 성폭행당한 뒤 거쳐가는 질곡의 삶을 보여줍니다. 독자들은 이들의 소설을 통해 비로소 흑인 여성 작가들이 그려내는 흑인 여성들의 삶과 만나게 되지요. 그 이전, 백인 남성 작가들이 그려낸 흑인 여성들은 상투적인 인물들이었어요. 많이 인용되는 예가 윌리엄 포크너의 소설 『소음과 분노The Sound and the Fury』에 등장하는 늙은 흑인 유모예요. 몰락해가는 백인 명문가의 자녀들을 끝까지 키우는, 기독교적 사랑에 근거한 강하고 푸근한 모성적인 인물이에요. 그러나 흑인 작가들은 이런 인물들은 백인들이 흑인들에게 바라는 모습일 뿐, 그들 자신의 현실과는 거리가 있다고 비판하지요. 하여간에 독자들은 흑인 여성 작가들의 소설 속에서 비로소 현실 속의 흑인 여성들의 모습과 만나게 됩니다.

할렘 르네상스 시기의 이 두 여성 작가는 한동안 잊혀졌다가 뒤늦게 흑인문학사에 복귀했어요. 조라 닐 허스턴은 인류학자이자 소설가로서 당대의 지성인이었어요. 그러나 『컬러 퍼플

The Color Purple』의 작가 앨리스 워커에 의해 무덤이 발견되기 전까지는 잊혀진 상태였어요. 넬라 라슨 역시 두 권의 소설을 낸 이후 잊혀졌다가 1980년대에 와서야 여성 작가들을 발굴하는 작은 출판사에 의해 다시 주목을 받게 되었어요. 이 두 여성 작가가 잊혀졌던 것은 개인적 상황에 더해 백인 남성 작가 위주의 문학 풍토에서 흑인 여성 작가라는 변방인의 위치와 상관있겠지요. 그리고 또 1930년대 공황이 닥치면서 보다 강력한 사회 고발 소설들이 주목받게 된 것과도 상관있겠지요.

잊혀진 작가를 발굴한다는 것, 그의 무덤을 찾아내고 소설들을 다시 부활시킨다는 것은 어떤 의미가 있을까요? 잊혀진 조상의 묘를 찾아내는 것은 후손들에게 어떤 의미가 있을까요? 고고학자들이 유적지에서 유물을 발견하는 것이 현재와 어떤 상관이 있는 것일까요? 이런 작업들은 우리에게 과거와 현재, 전통과 뿌리, 정체성 등에 대해 다시 생각하게 합니다. 흑인 여성 작가들의 경우에는 더욱 그렇지요.

1930년대 이후로 흑인 남성 작가들이 대거 등장합니다. 『토박이Native Son』를 쓴 리처드 라이트Richard Wright, 『투명인간Invisible Man』을 쓴 랠프 엘리슨Ralph Ellison이 우선 떠오릅니다. 이들의 작품은 우리나라에서도 일찍이 번역되어 흑인 문학을 소개하는 데 중요한 역할을 했지요.

그들의 소설에는 흑인과 백인 인물들이 함께 등장합니다. 두 인종 간의 갈등과 차별, 착취를 극대화시켜 인종 차별의 실체를 폭로하지요. 소설 전체에는 분노와 좌절과 투쟁이 만연해 있고요. 특히 인종 차별 사회에서 흑인 남성으로 산다는 것이 어떤 것인가를 적나라하게 보여줍니다. 그들에게 인간의 존엄성은 가능한가를 집요하게 추적하면서 미국 사회의 이면에 숨겨진 흑인 남성에 대한 물리적·심리적 차별과 소외의 양상을 섬뜩하게 묘사하는 것이지요. 그들의 소설은 그래서 자유와 평등을 지향하는 미국 사회에 대한 강력한 고발이 됩니다.

좀 더 보세요. 『토박이』의 배경이 되는 시카고, 이 도시는 백인들의 부촌과 흑인들의 슬럼 지역 등으로 구획화돼요. 백인 여성이 살해되고 흑인 청년이 살인자로 몰리는 흔한 줄거리지만, 이를 통해 독자는 백인 기득권자들의 잔인함, 독선과 오만의 실체와 만납니다. 또 흑인 남성에 대한 백인 여성들의 강박적인 공포를 통해 흑인들에 대한 백인들의 죄의식과 공포와도 만납니다.

소설 『투명인간』은 20세기 100권의 미국 소설에 선정되었어요. 이 제목처럼 백인 사회 속에서의 흑인의 존재를 상징적으로 말해주는 것이 있을까요? 백인들은 흑인들을 존재하지 않는 투명인간으로 취급하는 것이지요. 아예 그를 보기를 거부하는 것이지요.

그러나 생각해보세요. 그들이 흑인을 보기를 거부하는 것은 자신의 눈을 거부하는 것 아닐까요? 눈으로 보고 이해하는 자신의 존재를 부정하는 것 아닐까요? 이래서 노예 제도는 백인과 흑인을 모두 투명인간으로 만드는 거지요. 함께 있는 사람을 없는 것처럼 취급하는 것. 다른 이의 존재감을 말살하는 것. 이는 차별보다 린치보다 더 냉혹한 폭력이지요.

『투명인간』의 주인공 흑인 청년은 다른 흑인 남성 주인공들과 달리, 교육받고 의식이 있는 인물로 그려져요. 그는 남부와 북부를 오가며 공황 시기를 배경으로 다양한 차별을, 다시 말해 투명인간 취급을 당하는 경험을 거치면서, 드디어 자기가 흑인이면서 미국인이면서 존엄성을 가진 개인이라는 깨달음에 도달해요. 랠프 엘리슨은 이 역작을 끝으로 생전에는 더 이상 소설을 발표하지 않았어요. 그러나 에세이와 시, 강연, 교육을 통해서 의식을 깨우는 도구로서의 문학을 강조했어요.

리처드 라이트와 랠프 엘리슨은 공황 시대, 붕괴한 자본주의의 대안으로서 공산주의에 동조하며 사회변혁운동에 적극적으로 참가해요. 그러나 동시대의 다른 지식인들처럼 이들도 곧 환멸을 느낍니다. 1960년대를 전후해서는 민권운동에 참여하고 다양한 형태의 저술 활동과 강연 등을 통해 흑인들의 지위 향상을 위해 노력합니다.

이 두 작가 외에도 많은 흑인 남성 작가들이 작품 속에서 흑백 대결 구도를 그려요. 착취당하고 저항하고 투쟁하는 인물들을 통해 인종 차별 사회의 폭력성을 강조해요. 그래서 그들의 소설은 사회 고발에 치우쳐 문학성이 결여되어 있다는 평을 받기도 합니다. 그러나 그들이 흑인의 눈과 목소리로 자신들의 현실을 밝혀낸 역할은 인정받아야 하겠지요.

지금까지 간단하게 대표적인 흑인 남성 작가들의 작품들을 살펴보았어요. 20세기 중반 이후 우리는 강력한 흑인 여성 작가들과 만나게 됩니다. 앨리스 워커와 토니 모리슨이 대표적이지요. 앨리스 워커는 영화로도 만들어진 소설 『컬러 퍼플』을 통해서, 토니 모리슨은 흑인 최초로 노벨문학상을 수상한 작가로서 잘 알려져 있지요. 1960년대는 우리 모두 잘 알고 있듯이, 반전운동, 여성운동, 반문화운동이 들불처럼 일어나던 시기였지요. 존 바에즈, 케네디 대통령, 히피, 그들의 이상을 대변하는 "샌프란시스코에 오면 머리에 꽃을 다세요"라는 가사로 시작되는 노래…, 살기 좋은 세상을 만들고자 하는 열망들이, 노래와 구호들이 메아리치던 가슴 뛰던 시대였지요. 여러분도 이 시대를 다룬 다큐멘터리나 책, 영화를 찾아보시기 바랍니다.

전망이 뚜렷하던 시대. 열망과 이상이 순결하던 시대. 이들 뛰어난 흑인 여성 작가들의 출현은 이런 시대의 해방정신과 상관있을 거예요. 백인 남성 엘리트 중심의 기존 질서가 흔들리기 시작한 이때 이들 흑인 여성 작가들은 뒤이어 나타날 소수민족 문학들, 미국 인디언 문학, 아시아계 미국 문학 등의 등장을 예감하게 하지요.

그래요. 우리 사회 속에 일어나는 크고 작은 변화들은 그 안에 살고 있는 개인의 의식과 무의식, 감정과 행동을 건드리게 되지요. 우리의 말 한마디, 행동 하나가 세상의 무수한 물결과 연결되어 있지요. 다양한 배경을 가진 문학적 목소리들의 출현을 보면서 새삼 느끼게 됩니다.

앨리스 워커, 토니 모리슨, 이들의 등장을 계기로 그때까지 흑인 남성 작가들의 작품에서 두드러지던 백인 사회를 향한 격앙되고 투쟁적인 요소가 수그러지는 듯해요. 그러면서도 이들의 소설 속에서는 사회 고발적인 요소가 양상을 달리하며 더욱 치열하게 나타납니다. 표면적인 흑백 대치 상황과 폭력과 증오 대신, 이 여성 작가들은 보다 미시적이고 심층적인 접근을 하지요. 백인 남성 사회에서 가장 소외된 흑인 여성들을 통해 인종과 계층, 성 차별의 구조가 여전히 강력하게 작동하고 있는 현실을 그려내면서 그때까지 가려졌던 흑인 여성들의 현실이 드러나는 것이지요.

앨리스 워커의 『컬러 퍼플』은 그런 의미에서 특히 주목받았어요. 1930년대를 배경으로, 남부 오지 마을의 가난하고 배운 것 없고 힘없는 어린 여자아이를 통해 인종과 성 차별이 초래하는 근친상간, 폭력의 악순환을 폭로하고 있으니까요. 소설은 이 소녀가 하나님에게 편지를 쓰는 것으로 시작해요. 하나님에게 편지를 쓴다는 것은 무엇을 말하나요? 그렇지요. 겹겹으로 막힌 벽 속에 갇혀, 자기의 고통을 털어놓을 대상이 아무도 없는, 철저한 고립을 말해주는 것이지요. 동시에 여성이 강요받아왔던 침묵을 깨고 목소리를 낼 수밖에 없는 절박한 상황을 나타내는 것이지요.

이 소설이 편지 형식을 취한 것은 이런 의미에서 고립에서 벗어나려는 시도라고 볼 수 있어요. 과연 소설이 전개되면서 소녀는 아프리카에 가 있는 여동생과 편지를 주고받게 되지요. 이를 통해 차별과 역경을 이겨낼 수 있는 힘을 자매끼리, 여성들끼리 키워내는 과정도 보여줍니다. 앨리스 워커는 작품 활동 이외에도 여권운동 및 환경운동도 활발하게 하고 있어요. 앞에서 언급했듯이 조라 닐 허스턴의 경우처럼 잊혀진 흑인 여성 작가들의 작품을 찾아내는 데도 앞장서고 있고요.

『술라』의 작가 토니 모리슨을 소개할 때 흑인 여성 작가라고 굳이 말하지 않습니다. 그의 작품세계는 더 이상 인종과 젠더와 계층의 경계 안에 있지 않아요. 그런 제약들을 넘어서고 있어요. 그러면서도 흑인 역사와 전통 속에 굳건하게 뿌리내리고 흑인의 과거와 문화를 총체적으로 해석하고 재현하고 있습니다. 흑인으로서의 집단적인 경험과 기억을 추적하면서 공동체의 유산과 정체성을 밝혀내고 있어요.

『가장 푸른 눈The Bluest Eye』, 『술라Sula』, 『빌러비드Beloved』

등 그의 대표작에 지속적으로 나타나는 주제는 개인이 흑인의 과거와 역사, 전통과 어떤 관계를 맺는가 하는 것입니다. 공황 시기를 전후로 흑인들이 농본 사회였던 남부를 떠나 북부로 집단이주한 경험은 그들에게 뿌리와 전통으로부터 이탈되는 큰 충격을 주지요. 장소로부터 이탈하면서 그들은 문화로부터, 조상으로부터 단절됩니다. 이는 그들의 정체성에 혼란을 가져왔지요. 뿌리를 갖는다는 것은 공동의 역사를 나눈다는 뜻이지요. 그래서 그의 소설에서 공동체에 속하지 못한 개인들은 방황하지요. 공동체를 떠나서도 그 가치를 내면화시킨 이들은 살아남고요. 그러나 동시에 공동체의 모순과 인습의 질곡을 주체적인 개인을 통해 비판하고 도전합니다. 우리가 만날 술라가 그런 인물이지요.

* * *

이제 『술라』를 시작할까요? 20세기 초 · 중반 인종 차별 사회라는 큰 맥락에서 작은 흑인 마을을 중심으로 전개되는 술라와 넬의 이야기는 강렬한 시적 문장으로 전개돼요. 이 소설을 읽어가면서 우리는 시적인 것과 정치적인 것이 별개의 것이 아니라는 작가의 말을 이해하게 되지요. 중편에 가까운 이 소설은 11장으로 되어 있고, 각 장은 격렬하고 압축된 두어 개의 사건을 다루고 있어요. 다양한 형태의 죽음과 폭력이 나타나요. 이 소설은 편안하게 땅콩 까먹으며 읽을 수 있는 소설이 아니에요. 굉장한 에너지와 집중을 요구해요.

소설을 처음부터 끝까지 한번 죽 넘겨보세요. 내가 어떤 질문을 할 것 같아요? 그래요. 이제는 소제목을 유심히 보게 되지요? 가령 우리가 『주홍글자』를 읽을 때는, 감옥문, 시장, 주지사 홀, 헤스터의 또 다른 모습, 미로 속의 목사… 이런 소제목들을 보면서 그 장에서 만나게 될 내용을 미리 생각해보았지요. 그런데 이 책은 좀 다릅니다. 소제목들은 구체적인 연도로 되어 있어요. 총 2부로 되어 있는데, 1부는 이 소설의 서론 역할을 하는 부분으로 시작돼요. 그런 뒤에 1919, 1920, 1921, 1922, 1923, 1927로 되어 있고, 2부는 1937, 1939, 1940, 1941, 그리고 거의 20여 년이 지난 뒤 1965년으로 끝나요. 어떤 생각이 듭니까?

그렇지요. 술라라는 여주인공의 일대기 같다는 생각이 들지요. 1919년부터 1965년에 이르는 시간대는 격변기였어요. 1차, 2차 대전을 거쳤고, 무엇보다 1930년대의 공황도 거쳤지요. 그런데 보세요. 공황이 시작된 1929년과 2차 대전이 시작된 1945년은 빠져 있는데 왜 그럴까요? 생각해보세요. 가령 여러분이 매일 일기를 쓰는데, 어느 날의 일기는 빠졌어요. 왜 그럴까요?

그날은 특별한 일, 일기에 적을 만한 일이 없어서일 수도 있지요. 또는 그 반대로 너무 충격적인 일이 있었기 때문에 일기를 쓸 수 없었을 수도 있지요. 그래요. 우리는 소제목으로 쓰인 연도를 보면서 이렇게 여러 가지 방식으로 생각하게 됩니다.

다시 소제목을 보세요. 2부는 1941년에 술라가 죽은 이후 터널이 붕괴돼요. 그리고 마지막 장은 1965년인데, 20여 년의 간격이 있군요. 어떻게 생각하세요? 큰 사건들이 1941년에 일단락되고 1965년에 또 다른 사건이 막 시작되는 것일 수도 있어요. 또는 1941년에 끝난 줄 알았던 큰 사건이 실은 20여 년이 지나서야 마무리되는 것일 수도 있어요. 소설을 읽어가면서 이 문제를 계속 염두에 둘 것입니다.

이렇게 소설의 소제목들은 시간별로 되어 있어요. 그런데 시간이 진공 속에 떠 있나요? 왜 언제나, 시공을 초월하여, 라고 표현할까요? 시간과 장소, 그래요, 시간이 형태를 갖추려면 구체적인 장소가 있어야 하는군요. 여러분, '1960년 겨울'과 '1960년 겨울, 서울'의 차이가 느껴지나요? 그래요. 소설 『술라』는 1919년에 시작되어 1965년에 마무리되는, '그곳에서' 일어났던 이야기입니다. 소설이 '그곳에서In that place'라는 표현으로 시작되는 것에 주목합시다. 앞에서도 말했듯이 이 부분은 일종의 서론과도 같은 역할을 합니다.

'그곳에서.' 소설은 맨 처음 이렇게 시작합니다. 술라라는 여성의 이야기를 시작하면서 작가는 확실하게 시간과 공간의 틀을 제시하는 것이지요. 다시 말해 술라의 삶은 20세기의 격변기에 그 장소에서 살았던 한 여성의 삶이라는 걸 분명히 합니다. 그러므로 술라를 이해하기 위해서는 '그곳'을 중심으로 20세기 미국 사회가 어떤 사회였는지를 이해하는 것이 중요합니다.

그곳은 어떤 곳인가요? 오하이오 주의 작은 소도시 메달리온, 그중에서도 '바텀bottom'이라는 가난한 산꼭대기 흑인 동네예요. 동네는 산꼭대기에 있는데, 이름은 '바텀', 바닥이라고요? 그래요. 이름 속에 사연이 있군요. 무엇인지 들여다봅시다. 동네 이름이 '바텀'이 된 이유 속에 노예 제도의 실상이 들어 있으니까요.

그 장소가 맨 처음 어떻게 생겨났나요? 검둥이 농담nigger joke이라니요. 무슨 소리입니까? 웃어버리기에는 기막힌 이야기군요. 들어보세요.

옛날에 착한 백인 농부가 있었어요. 그는 자기 노예에게 약속했어요. 노예가 아주 힘들고 어려운 일을 해내면 대가로 그에게 자유도 주고 계곡 땅 한 평을 주겠다고 했어요. 노예는 열심히 계곡을 일구었어요. 그리고 착한 백인 농부에게 약속대로 땅을 달라고 했어요. '착한' 백인 농부라고 강조하는군요. 착한 백인 농부가 어떤 사람인지 곧 알게 됩니다.

자, 여기서 잠깐, 그가 노예에게 주기로 약속한 것, 자유와 땅

한 평에 대해서 생각해볼까요? 그렇지요. 자유는 추상적이고 땅 한 평은 구체적이고 물리적인 것이지요. 또 땅이 있어야 비로소 자유가 가능하다고 생각할 수 있어요. 먹고 살 수 있는 기반이 무엇보다 우선이니까요.

그렇다면 자유보다 땅이 중요한가요, 아니면 자유가 더 중요한가요? 백인 농부의 경우는 어땠을까요? 그는 약속대로 노예에게 자유는 주겠다고 했지만, 땅을 주기는 싫었어요. 그는 말해요. 노예에게 바닥 땅을 주고 싶었는데 계곡 땅을 줄 수밖에 없어 미안하다고 해요. 노예는 눈을 껌뻑이며 계곡 땅이 바닥 땅인 줄 알았다고 하자, 노예 주인은 말합니다. "절대 아냐. 저기 언덕 보이지? 저기가 비옥하고 기름진 바닥 땅이야." 거기는 언덕 위 높은 곳이 아니냐는 노예의 말에 주인은 대답해요. "우리 눈에는 높은 곳이지. 그러나 하나님이 보시면 바닥이야. 그래서 우리도 바닥이라고 하는 거야. 하늘의 바닥, 최고의 땅이지." 어느 순간부터 착한 백인 농부라는 표현이 노예 주인으로 바뀌는 것에 주목하세요. 노예 주인은 노예가 등이 휘도록 일군 비옥한 계곡 땅을 주기 싫었던 거지요. 그러자 노예는 주인을 졸라서 꼭대기에 있는 '밑바닥' 땅을 얻게 됩니다.

그 땅은 척박했어요. 농사를 지으려면 허리가 부러질 지경이었어요. 흙들은 계속 패였고 씨를 뿌리면 쓸려 내려갔어요. 겨울 내내 바람이 불었어요. 그곳에 사는 흑인들에게 한 가지 위로가 있었다면 그것은 그들이 매일 백인들을 내려다보면서 살고 있다는 것이었어요.

이것이 오하이오의 작은 강가, 비옥한 계곡에는 백인들이 살고 꼭대기에는 흑인들이 살게 된 이유입니다. 이것이 그 장소에 얽힌 검둥이들의 농담이에요. 그들의 웃음, 그러나 그들의 고통의 역사예요.

자, 어이가 없나요? 말도 안 돼지요? 그러나 노예 주인은 논리적으로 말했어요. 교활한 머리로 말이 되도록 설명해내는 걸 보세요. 그래요. 이 또한 무서운 폭력이에요. 그러나 어리석은 노예는 그 논리에 말려들어요.

누구를 비난해야 할까요? 어리석은 노예를? 교활한 주인을? 중요한 것은 힘과 권력을 누가 가지고 있는지, 누가 기득권자인지겠지요. 작가는 이런 질문을 하지 않아요. 단지 이 동네를 설명하고 있어요. 자, 꼭대기에 있는 바텀 마을은 나무들이 무성하게 자라고 아름다워요. 어쩌다 사냥꾼이 올라와 보고는 중얼거려요. 정말 여기가 천국의 바닥인가.

여름이면 마을 사람들이 길에 나와 있어요. 하모니카 소리도 들려요. 꽃무늬 원피스를 입은 여자들이 춤을 춰요. 늙은이들은 바라보며 웃어요. 노랫소리, 하모니카, 춤. 그래요. 이들 흑인들의 가난과 고통은 웃음과 노래와 춤으로 나타나요. 그래서 그들의 웃음은 고통의 일부예요.

소설의 서문과도 같은 '그곳'에 관한 글은 아름답습니다. 백인 주인과 노예의 관계를 보여준 이 글에는 분노, 원한, 착취, 교활 등의 단어가 없어요. 그래서 더욱 흑인들의 웃음, 춤, 하모니카 소리 속에 배어 있는 그들의 고난이 진하게 느껴집니다.

이제부터 우리는 계속해서 작가의 이런 태도와 만날 것이에요. 작가는 백인들에 대한 흑인들의 분노 대신 가난하고 고통스러운 그들의 일상을 그냥 보여줍니다. 그것을 따라가다 보면 그들의 삶 속에는 착취와 차별, 고통과 좌절이 엉켜 있음을 알게 됩니다. 개인적인 것이 정치적인 것임을, 거대 담론은 미시 담론과 직결되어 있음을 다시 깨닫게 됩니다. 이 소설의 힘은 여기에 있어요.

제1강 _ *1919*

첫 번째 장입니다. 당연히 술라의 이야기가 시작되는 줄 알았는데, 아니에요. 이 마을에 사는 흑인 청년 쉐드렉에 관한 이야기입니다. 1차 대전의 후유증으로 약간 정신이 나간 그가 혼자 자살의 날을 정해 해마다 이날을 경축하게 된 이유, 이날이 바텀 마을의 일상 속으로 들어오게 된 과정 등이 말해집니다. 무심코 읽기 시작한 우리는 자기도 모르게 충격을 받게 돼요. 왜 그럴까요?

그래요. 작은 마을의 이름 없는 흑인 병사의 이야기를 통해 전쟁이 가져온 근본적인 붕괴와 그 후유증에 대해 말하고 있기 때문입니다. 결코 전쟁 이전으로 돌아갈 수 없는 상처 입은 삶을 보여주는 것이지요. 그러므로 이 장은 민주주의라는 대의 아래 일어난 1차 대전에 대한 또 하나의 탐색이기도 합니다. 이름 없는 개인의 삶을 통해 전쟁의 폭력과 어리석음을 증언하고 있으니까요.

흑인 청년 쉐드렉의 전쟁 경험의 핵심은 무엇인가요? 그에게 무슨 일이 일어났나요? 쉐드렉은 여기서 처음 소개된 뒤 소설의 끝부분 마을 터널의 붕괴 때 다시 등장해요. 그가 소설에서 차지하는 비중을 생각하면서 좀 더 자세하게 그의 경험을 살펴봅시다.

겨우 스무 살이 될까 말까 한 철딱서니 없는 청년 쉐드렉은 1917년 12월 어느 날, 프랑스 어느 전장에서 병사들과 맹렬하게 달리고 있는 자신을 발견합니다. 아군인지 적군인지, 퇴각하는지 공격하는지 분명하지 않은 혼돈 속에서 사방에서 포탄이 터졌지요. 이 순진한 청년은 위대한 전쟁에 참여한 군인답게 고양된 흥분을 기대했지만, 그가 느끼는 것은 고작 자기 구두에서 튀어나온 못에 발이 찔려 아프다는 느낌뿐이었지요.

그 와중에 그는 옆에서 달리던 병사의 얼굴이 포탄에 날아가는 것을 봅니다. 충격 속에 무슨 일이 있어났는지 그가 미처 깨닫기도 전에 병사의 머리는 사라지고 없어요. 문제는 그럼에도 불구하고 그 병사의 몸은 우아하게 앞으로 돌진하고 있었던 거지요. 그래요. 머리에서 명령이 내려오지 않는데도 그의 몸은 여전히 씩씩하게 달려가고 있었어요. 상상하기도 어렵군요. 머리가 사라진 몸통 혼자 달려가는 모습. 이때의 황당한 상황은 '힘차게, 우아하게with energy and grace'라는 두 단어로 절묘하게 강조됩니다. 곧이어 쉐드렉은 의식을 잃게 돼요. 그는 이때의 경험으로 돌이킬 수 없는 정신적 상처를 입게 됩니다.

쉐드렉이 경험한 것은 무엇입니까? 이를 통해 작가가 말하려는 것은 무엇일까요? 머리에서 분리된 몸이 우아하게 힘차게 달려가는 모습, 이는 전쟁에서 목격되는 다른 부상과 어떤 차이가 있을까요? "옆에 있던 병사의 오른팔이 떨어져 나갔다. 그러나 그는 계속 달리고 있었다"라는 것과 어떤 차이가 있나요? "병사의 머리에 포탄이 떨어지고 그는 쓰러졌다. 방금 전까지 담배를 나누어 피던 친구였다." 이런 장면과 무엇이 다른가요?

그렇지요. 두뇌 없이도 몸이 혼자 작동한다는 것. 쉐드렉이 목격한 이 장면은 그때까지 당연하게 여겨온 질서, 즉 머리에서 명령이 내려와 몸이 움직인다는 그 질서를 전복시킵니다. 그것은 그때까지 쉐드렉이 살고 있던 세계의 질서가 뒤집힌 것과 같아요. 두뇌가 상징하는 이성의 우월성이 거부된 것입니다.

사람의 몸이 어떤 순서로 이루어져 있는지 보세요. 머리가 맨 위에 있고, 그다음 목, 몸통, 다리, 발… 수직의 위계질서가 분명하게 나타납니다. 머리 조심해, 머리 때리지 마. 그렇게 말하는 이유입니다. 수직으로 된 우리 몸의 구조, 머리, 몸통, 다리는 위계질서를 고착시켜요. 머리는 그야말로 총사령부지요.

거기서부터 아래로 명령이 하달되지요. 두뇌에서, 잊어버려, 기억해, 앉아, 일어나, 먹어, 웃어, 하면 우리는 그대로 하지요. 두뇌에 손상이 오면, 이 명령 체계에 혼선이 생기는 것이지요.

그래요. 쉐드렉이 전쟁터에서 목격한 것은 이 근본적인 위계 질서가 무너진 것이에요. 머리가 떨어져 나갔어도, 두뇌에서 명령이 하달되지 않아도, 몸은 계속 달려갔으니까요. 어쩔 줄 모르고 우왕좌왕한 것이 아니라 당당하게, 멋지게 달려간 것이지요. 머리라는, 이성이라는, 독재자를 제거한 뒤 몸이 환호하는 것처럼 말이지요.

상상해봅시다. 머리, 목, 몸통이 수직이 아니라 수평으로 되어 있다면 어떨까요? 우리를 지금까지 지배해온 이성 중심의 가치관이 달라질까요? 캐나다 작가 마가렛 애트우드Margaret Atwood의 소설 『떠오른 집Surfacing』에 등장하는 여주인공이 그런 상상을 해보기도 해요. 남성 질서에 환멸을 느끼면서 말이지요. 머리가 인간의 몸 맨 위에 있지 않고, 머리, 목, 가슴이 수평으로 있게 되었다면, 우리의 삶은 달라졌을까? 이성이 감성을 지배하고, 머리가 몸을 지배하는 지금의 위계질서는 생겨나지 않았을까? 권력이 한곳에 집중되지 않고 골고루 분배되었을까? 하여간에 머리통이 떨어져 나가도 독립적으로 작동하고 있는 몸, 이 경험으로 지금까지 쉐드렉을 지탱해온 세계는 파괴됩니다.

그는 알게 되었어요. 이 세상에는 무슨 일이든, 어디에서든 일어날 수 있다는 것을요. "어디서건 어떤 일이건 가능하다 Anything could be anywhere." 1차 대전 이후의 서구의 혼돈과 방황, 기존 질서와 규범의 붕괴를 참으로 단순하고 명백하게 나타내는 문장입니다.

반복하건대 쉐드렉의 이 경험은 1차 대전으로 서구 사회가 겪은 파괴와 혼돈의 본질입니다. 그래서 그때까지의 규범과 권위의 표상들, 교회, 학교, 가족, 법, 이들의 가치가 침몰된 서구 사회를 T. S. 엘리엇은 '황무지'라고 불렀지요.

그래요. '무엇이든지, 어디에서나 가능하다.' 전통 사회와 현대를 구분 짓는 기준의 붕괴는 이 단순명료한 표현에 압축되어 있어요. 더 이상 정해진 장소에 정해진 물건이 있을 필요가 없어요. 개인들은, 여성과 남성들은, 더 이상 정해진 코드에 따라 행동하고 사고할 필요가 없어졌어요. 어떠세요? 이는 일견 엄청난 해방감을 주면서 동시에 엄청난 부담감을 가져옵니다. 어디서 무엇을 할 것인가. 해방과 혼돈, 이 두 상태를 구별하기조차 어려워지는 것이지요. 보세요. 작가는 술라의 이야기를 시작하기 전에 쉐드렉의 전쟁 경험을 통해 전쟁 후 서구에서 일어난 지각 변동을 먼저 말합니다. 이 점을 주목합시다.

이 전쟁의 경험이 쉐드렉에게 당장 어떤 식으로 나타날까요? 병원에 입원한 그를 만납시다. 자세하게 묘사되는 이 장면을 보세요.

그는 침대에 앉아 자기 앞에 놓인 식판이 세 칸으로 확실하게 나눠진 것에 안도합니다. 세 칸에는 각각 밥과 고기와 토마토가 담겨져 있어 서로의 영역을 침범하지 않아요. 그는 안정감을 느껴요. 그 확실한 균형 때문이지요. 그러나 곧 전쟁의 후유증이 엄습합니다. 그가 제자리에 붙어 있는 자기의 손을 보고 안도하는 순간, 손은 괴물처럼 커다랗게 부풀어 오르고, 그는 제정신을 잃고 비명을 질러요. 간호사들이 달려와 그를 때려눕히고 묶어요. 쉐드렉이 겪는 혼돈이, 즉 세상이 거꾸로 뒤집히고 자기 존재의 근간이 무너진 충격이, 이런 식의 병리 현상으로 나타난 것이지요.

그는 더 이상 아무것도 마음먹은 대로 할 수 없습니다. 자기가 누구인지도 알 수 없게 되고요. 이런 혼미 속에서 그가 발작적으로 자기가 누구인지 찾고자 하는 것은 이해가 됩니다. 자기가 누구인지 말해줄 것이 그에게는 하나도 없어요. 주소도, 머리빗도, 연필도, 손목시계도, 손수건도, 열쇠도, 속옷도 없어요. 보세요. 작가는 왜 이렇게 소소한 것들을 나열하고 있을까요? 거대 이념이 사라진 세상에서 우리가 누구인지 상기시켜주는 것은 이런 구체적이고 일상적인 것들이라고 말하는 것일까요?

생각나는 게 있어요. 911 테러 때 행방불명이 된 많은 사람들, 그들의 신원을 확인하기 위해 붕괴의 현장에서 작은 소지

품들을 찾아내고 이를 기념관에 보관, 전시한다고 해요. 흔적 없이 사라진 이들이 몸에 지니고 다니던 핸드폰 고리, 작은 지갑, 그 안에 든 사진… 그들을 기억하기 위해서는 이런 작은 것들이 필수적이었던 것이지요.

다시 쉐드렉에게 돌아옵시다. 자기를 확인시켜줄 작은 열쇠고리 하나 없는 그가 어떻게 자신을 되찾게 되나요? 매일 아침 우리는 거울 속에서 누구를 보나요? 쉐드렉의 경우도 마찬가지입니다. 병원에서 나온 쉐드렉은 우여곡절 끝에 경찰서 유치장에 갇히고, 거기서도 필사적으로 자기가 누구인지 찾고자 해요. 이는 자신이 누구인지 확인하게 되면, 그의 손의 발작이 멈출 것이라는 암시이기도 합니다. 그는 더러운 담요를 뒤집어쓰고 유치장 화장실 변기에 고인 물속을 들여다봐요. 거기서 자기 얼굴을 발견합니다. 이 장면을 보세요.

■ ■ ■ … 그는 (변기의) 그늘진 물에 비친 자기 그림자를 보려고 담요를 머리에 뒤집어썼다. 거기 변기 물에서 그는 시름에 잠긴 검은 얼굴을 보았다. 너무도 뚜렷하고 너무도 명백한 검은색이 그를 놀라게 했다. 그는 자신이 실재하지 않을까 봐, 자신이 전혀 존재하지 않을까 봐 은근히 걱정하고 있었던 것이다. 그러나 너무도 확실한 검은 실체가 그를 맞이하자 그는 더 이상 바랄 것이 없었다. 기쁨에 차서 그는 위험을 무릅쓰고 담요 한쪽 끝을 떨어트린 뒤 그의 두 손을 얼른

보았다. 두 손은 움직이지 않았다. 얌전하게 조용했다. (13)*

인상적인 장면입니다. 그가 자신의 실체를 확인한 것은 물에 비친 자기의 검은 얼굴을 보았기 때문이군요. 그는 이제 흑인으로서의 자신의 정체성을 되찾은 것이지요. 자신이 허깨비일지도 모른다는 불안감에서 해방된 그는 깊은 잠에 빠집니다. 새로 시작되는 삶의 첫 번째 잠은 "자두속보다 더 깊고 독수리 날개보다 더 안정되고 둥근 달걀보다 더 평온한 것"으로 표현됩니다.

여러분, 이런 표현들을 보면 무슨 생각이 드나요? 전쟁의 상처, 후유증, 이런 살벌한 이야기의 한가운데서 문득 이렇게 정밀한 표현들을 만나다니요. 좋은 소설이란 이런 문장과 이렇게 만나는 것이라는 걸 새삼 느끼게 됩니다.

자, 전쟁의 경험이 마을에 돌아온 이후의 쉐드렉의 삶에 어떤 영향을 미치는지 봅시다. 그는 강가의 오두막에 혼자 살면서 일주일에 이틀 강에서 잡은 고기를 팔고 다른 날은 욕하고 술 먹고 놀며 지내는군요. 사람들은 전쟁에서 돌아온 그가 살짝 미친 것을 알지만 큰 해를 끼치지 않는 그를 마을의 일상적 삶의 일부로 받아들입니다.

---

* 이 책의 인용문은 저자가 번역한 것이다. 사용한 텍스트는 *Sula* (Vintage Books, 1974)이며, 이후 인용 쪽수는 이 책에 의거한 것이다.

전통적인 공동체의 특징이라고 할까요. 그곳에서는 조금씩 돌거나 모자라는 사람들을 보듬으며 함께 지냈어요. 또 약간 모자라는 사람들의 역할도 있었겠지요. 다른 사람들이 보지 못하거나 할 수 없는 일들을 할 수도 있었겠지요. 이래서 모자라는 이들과 보통 사람들이 상부상조하며 함께 사는 거지요. 핵가족제도, 도시화는 이런 여유와 틈새를 허용하지 않습니다. 소위 성한 사람들이 오차 없이 달려가기 위해서는 이들에게 관심을 줄 여유가 없지요. 그러니까 이 작은 흑인 동네에는 아직 이런 공동체의 모습이 남아 있는 것입니다.

이런 동네에서 쉐드렉은 전쟁의 경험과 대응하기 위해 혼자 '자살의 날'을 만들어 일 년에 한 번 기념하기 시작합니다. '자살의 날'이라니요? 보세요. 그는 자기가 겪은 혼돈에 질서를 부여하는 방법을 찾기 위해 고심해요. 두렵기 때문이죠. 그가 두려워하는 것은 죽음 그 자체, 또는 죽어가는 것이 아니에요. 언제 죽을지 모르는, 예측불허 상태가 두려운 것이에요. 그 돌발성, 예측불허성에 대한 두려움은, 언제 어디서 무슨 일이든지 일어날 수 있다는, 다시 말해 모든 것이 뒤죽박죽된 것에 대한 그의 경험에서 나오는 것이지요.

그는 이 예측불허의 두려움에 맞서기 위해 기발한 아이디어를 냅니다. 두려움에 제자리를 만들어주는 것이지요. 이런 것과 비슷해요. 사방에 못이 굴러다니면 위험하지요. 언제 어디서 못에 찔릴지 모르니까요. 그래서 서랍 하나를 정해놓고 그 속에 못을 담는 거지요. 마찬가지예요. 일 년 열두 달 언제 어디서 닥칠지 모르는 죽음을 두려워하는 대신 그는 하루를 두려움과 죽음을 대면하는 날로 정합니다. 나머지 일 년은 예기치 못한 죽음을 생각하지 않아도 되니까요. 일 년에 하루, 자살의 날에 죽음을 응시하는 것입니다.

왜 자살의 날이라고 했을까요? 그의 죽음에 대한 불안이 그것의 예측불허성에서 오잖아요. 미리 하루를 정해놓는 것은 그 예측불허에 대한 도전이자 대응인 것이죠. 정해진 날 내가 스스로 죽자. 이것이야말로 예기치 못함에 대한, 두려움에 대한 도전이면서 이를 인정하는 것이기도 합니다. 오너라, 이날 하루를 너에게 허용하노라… 농담이 지나치다고요? 그럴까요? 그 당시 서구를 휩쓸고 있던 절망감을 생각한다면, 쉐드렉의 이런 대응 방식은 일견 합리적이라는 생각조차 들지 않나요?

마을 사람들이 처음부터 쉐드렉과 함께 자살의 날을 기념한 것은 아닙니다. 처음 한두 해는 쉐드렉 혼자 종을 울리며 거리 행진을 하고 아이들이 뒤따라가고 사람들은 창문에서 내다보았지요. 그러나 시간이 지나면서 차츰 그날은 마을의 일상 속에 자리매김을 한 것이지요. 우리 소풍 가자, 그날 (자살의 날) 이후 두 번째 토요일에. 우리 결혼하자, 그날 지난 뒤 첫 번째 일요일에. 이런 식으로 말이지요.

그런데 의문이 드는군요. 왜 작가는 술라의 이야기를 하기 전에 쉐드렉의 자살의 날에 대해 말하는가. 그래요. 전쟁의 파장이 작은 마을의 삶에도 퍼지는 것을 보여주는 것이겠지요. 그러나 나중에 알게 되겠지만, 자살의 날은 이 소설에서 중요한 역할을 합니다. 물론 술라의 이야기와 밀접하게 연결되어 있고요. 다음 장으로 가지요.

제2강 _ *1920*

이제 술라의 이야기가 시작될까요? 아니에요. 이 장은 이곳에 사는 헬렌과 그녀의 어린 딸 넬의 이야기예요. 두 모녀가 남부 여행을 다녀오고, 어린 넬이 자아에 눈뜨는 이야기예요. 술라는 이 장의 끝에 여행에서 돌아온 넬의 친구가 되면서 처음 등장합니다. 쉐드렉을 통해 1차 대전이라는 시간대가 주어졌다면, 헬렌 모녀의 남부 여행을 통해 노예 제도의 현실이 보여집니다.

구체적으로 들어갈까요? 넬의 엄마 헬렌은 어린 시절 자신을 키워준 외할머니가 위독하다는 전보를 받고 착잡해집니다. 그녀는 내키지 않았지만 할머니의 마지막 소원을 생각해서 여행 준비를 합니다. 헬렌의 내키지 않는 마음을 이해하기 위해 그녀의 현재와 과거를 알아보지요.

헬렌은 누구인가요? 그리고 누구였나요? 넬의 엄마 헬렌은 이 작은 흑인 마을의 모범적인 가정주부예요. 남편은 배의 요리사로서 대부분의 시간을 바다 위에서 보내며, 극진히 그녀를 위해줍니다.

무엇보다 헬렌은 강박적으로 규범에 순응해요. 아름답고 정숙한 그녀의 집안은 지나치게 말끔히 정돈되어 있어요. 그녀는 또한 보수적인 흑인 교회의 핵심 멤버로서 제단의 꽃을 장식하고 재향군인들을 위해 환영 모임을 주도합니다. 우아하고 단정하게 머리를 빗어 올린 그녀는 예배시간에 늦는 사람이 있어도 절대 뒤를 돌아보지 않아요. 항상 눈으로 다른 사람들의 행실을 점검하고 살핍니다.

헬렌의 엄격함은 어린 딸 넬의 양육에도 적용됩니다. 그녀는 딸에게서 열정이나 상상력 같은 것은 싹도 나지 못하게 합니다. 그녀의 감시 아래서 넬은 얌전하고 순종적인 아이로 자라요. 한마디로 헬렌은 이 작은 마을의 인습과 질서를 지키는 감시자의 역할을 하네요.

이런 의문이 듭니다. 그녀는 왜 그토록 철저한가? 인습에 대한 그녀의 과도한 집착은 어디서 오는가? 규범 안에 있는 이들은 그것이 주는 안정과 보호를 느끼지 못하지요. 인습에 꼼짝없이 순종하는 사람은 거기에 속하지 못하는 이들의 불안을 알고 있는 것이지요. 그들은 규범 안으로 들어오기 위해 필사적이 되는 것입니다.

헬렌의 경우가 그런 듯합니다. 그녀는 남부 오지의 크레올 창녀의 딸이었어요. 엄마가 일하는 선다운 하우스에서 태어나 열여섯 살이 될 때까지 외할머니와 살았어요. 할머니는 딸의 일탈적인 피가 어린 손녀에게 물들지 않도록 성모에게 매달렸어요. 기도 덕분인지, 북부 오하이오에서 잠깐 이곳에 들렀던 먼 친척 남자가 헬렌의 아름다움에 반해요. 그는 두 여자의 무언의 압력을 받아 헬렌과 결혼합니다. 그리고 벽돌 현관과 레이스 커튼이 달린 작은 집으로 헬렌을 구출해갔지요.

그래요. 선다운 하우스의 붉은 커튼 뒤에서 숨죽이며 자란 어린 헬렌의 두려움과 수치를 상상해보세요. 중산층 규범에 맹종하는 도도한 현재의 그녀를 생각해보세요. 어린 시절의 불안을 잊고자 하는 안간힘이 느껴집니다.

헬렌은 자신의 현재의 삶을 거의 인간 승리라고 생각해요. 자신의 출신 성분에서 참으로 멀리 확실하게 떠나왔으니까요. 결혼 9년 만에 넬을 낳은 그녀의 희열과 자부심은 정점에 이르지요. 완벽하게 주류의 자격을 갖추게 되었다는 안도감 때문이었지요. 결혼과 모성의 보호막 속으로 확실히 들어왔으니까요.

그러나 헬렌의 성취는 완벽한 것일까요? 그녀는 선다운 하우스를 완전하게 극복한 것일까요? 그런 것 같지 않아요. 그녀의 현재가 여전히 취약하다는 것이 곧 드러납니다.

우리는 이제 전보를 받고 헬렌이 망설인 이유를 이해할 수 있을 것 같습니다. 그녀 속에 감춰진 어린 시절의 불안과 두려움을 보았으니까요. 그럼에도 불구하고 헬렌은 여행을 결심합니다. 결혼과 모성과 교회, 우아한 습관과 매너, 그리고 값비싼 의상이 제공하는 보호 장치가 충분히 튼튼하다고 생각했으니까요. 그런데 여기 재미있군요. 입었다 벗었다 할 수 있는 옷을 시간과 노력을 요하는 습관과 매너와 동일시하는군요. 그녀의 모범적이고 당당한 태도라는 것도 본질적으로는 옷처럼 그녀의 것일 수 없다는 뜻이겠지요. 좀 더 봅시다.

1920년대의 남부로 가는 기차 여행. 열차에서는 흑백 좌석이 분리되며 남부에 가까워질수록 휴게소에는 흑인들을 위한 간이 화장실조차 없습니다. 남북전쟁은 끝났지만, 흑인들도 세계 대전에 당당하게 참가했지만, 여전히 흑인 차별 정책은 막강하게 존재합니다.

여기서 잠깐 역사적인 사건을 상기해봅시다. 여러분, 인종 차별을 반대하는 버스타기 운동freedom riders movement에 대해 아시지요? 1920년대는 물론 1950년대, 1960년대까지도 미국 사회는 인종 차별이 만연했어요. 영화에서 많이 보지요. 고속도로의 간이휴게소에서 흑인 가족이 햄버거를 먹으러 들어갔다가 쫓겨나는 모습들을.

로자 파크스Rosa Parks라는 이름, 들어본 적 있나요? 남부의 몽고메리에 살던 평범한 재봉사였던 그녀는 어느 날 버스 안에서 자리를 옮기라고 강요받지요. 백인 좌석에 앉았으니까요. 그러나 로자는 거절했어요. 계속 버텼어요.

이것이 미국 전역으로 들불처럼 확산된 인종 차별에 반대하는 버스 타기 운동의 시작입니다. 워싱턴에서 출발한 버스에는 흑인만이 아니라 백인 인권운동가들, 의식 있는 백인 대학생들, 지식인들이 타고 있었어요. 이 버스를 타고 가며 곳곳에서 공권력에 부딪히고 깨집니다. 몽고메리에 도착하는 즉시 감옥에 갇히고요. 그러나 사람들은 계속 버스를 타고 달려옵니다. 자유를 외치고 흑백 차별 폐지를 외치는 이들은 계속 갇힙니다. 감옥에서도 그들은 쉬지 않고 노래를 불러요. "우린 언젠가 이겨낼 거야we shall overcome someday." 우리도 잘 아는 그 노래지요. 간수들은 그들의 칫솔도 압수해요. 담요도 압수해요. 그래도 노래는 계속돼요. "우린 언젠가 이겨낼 거야."

그 운동에 참여했던 흑인 여대생들, 백인 남학생들이 당시에 관해 증언하는 다큐를 본 적이 있어요. 경찰의 곤봉에 맞아 피투성이가 된 백인과 흑인 청년들의 얼굴도 보았어요. 나이 든 그들의 모습은 여전히 아름다웠어요. 그들은 사회 정의를 위해 함께 싸웠던 젊은 시절을 공유하고 있었어요. 부러웠어요. 다큐를 보며 느꼈던 감동이 되살아나네요.

좀 옆길로 샜지요? 헬렌에게 돌아옵시다. 헬렌은 짐을 들고 서두르다가 실수로 백인 전용칸에 탄 것을 뒤늦게 알아차려요. 시간이 촉박한 그녀는 내렸다가 다시 타는 대신 넬의 손을 잡고 트렁크를 끌며 백인 전용칸을 지나서 흑인 전용칸으로 들어섭니다. 차표를 점검하며 마주 오던 백인 승무원이 헬렌을 보자 시비를 걸어요. "이봐, 저 칸에서 뭘 하고 있었던 거야?" 어린 딸아이를 앞세운 잘 차려입은 부인, 헬렌을 검둥이 대하듯 해요. 이 장면이 시사하는 바를 주목하기 바랍니다.

문제는 그토록 당당했던 헬렌의 태도가 백인 승무원의 이 한마디에 그대로 무너진다는 것이에요. 헬렌이 극복했다고 믿었던 선다운 하우스로 대변되는, 그 불안하고 위태로운 삶이 순식간에 되살아난 거예요. 헬렌도 이를 깨달아요. '이렇게나 빨리, 이렇게나 금방. 여행이 아직 시작되지도 않았는데.' 그녀는 백인 승무원이 기차표를 보자는 줄 알고 허둥거리며 기차표를 꺼냅니다. "실수를 했어요. 표시가 없어서 잘못 탄 것뿐이에요."

이때의 헬렌의 모습, 자기가 살아 있는 것을 용서해달라며 비위를 맞추는 모습이라고 묘사되어 있어요. 자신의 존재를 변명하며 살아 있어 미안하다는 태도, 존중받지 못하고 멸시와 수모를 받아온 삶의 내력에서 나오는 것이지요.

백인 승무원의 모욕은 계속됩니다. "이 열차에서 실수는 용납 못 해. 저리 비켜." 이런 상황에서 여러분이라면 어떻게 했을까요? 화를 냈을까요? 그러나 화를 낼 수 있다는 것은 엄청난 특권이라는 생각조차 들어요. 보세요. 헬렌은 화를 내는 대신 가지런한 새하얀 이를 드러내며 자신을 모욕한 그에게 교태어린 미소를 보냅니다. 어린 넬이 보기에도 전혀 웃어야 하는 상황이 아닌데 말이지요. 이런 헬렌을 작가는 자기를 걷어찬 푸줏간 주인에게 꼬리를 흔드는 똥개에 비유하고 있어요. 이 광경을 주시하던 흑인 병사들의 얼굴이 창백하게 경직됩니다.

이 짧은 장면 속에서 우리는 여전히 진행 중인 노예 제도의 잔재를 봅니다. 백인 남성에게 흑인 여성은 신분이나 연령에 상관없이 여전히 성적 대상이나 노예로 보이는 것이지요. 흑인 병사들의 얼어붙는 반응은 백인 승무원에 대한 분노뿐만이 아니라 자기를 걷어찬 주인에게 꼬리를 흔드는 똥개에 비유되는 헬렌에 대한 분노이기도 합니다. 그들은 무거운 트렁크를 힘들게 짐칸 위에 올려놓는 헬렌을 거들떠보지도 않아요.

좀 더 보세요. 헬렌은 트렁크를 올려놓은 뒤 흑인 병사들을 뒤로하고 넬 앞좌석에 마주 앉아 부산을 떨어요. 넬은 엄마도 병사들도 마주볼 수가 없었어요. 넬은 병사들이 우아하고 아름다운 엄마를 숭배하는 아버지와 달리 엄마에 대한 증오심에 이글거리는 것을 봅니다. 여행이 시작되면서 벌어진 이 장면은 어린 넬에게 깊은 인상을 남깁니다.

집을 떠나 열차를 타자마자 보게 된 엄마의 모습, 당당하던 엄마가 백인 승무원의 말 한마디에 순식간에 비굴해진 모습, 흑인 병사들에게 멸시받는 모습. 넬은 이런 엄마를 보면서 기분이 좋기도 하고 부끄럽기도 합니다. 그래요. 이제부터 넬은 엄마를 객관적으로 보기 시작하는 것이지요. 넬은 결심합니다. 자신은 언제나 경계를 늦추지 않겠다, 어떤 남자도 자기에게 그런 식으로 말을 걸고 그런 눈으로 보지 않게 하겠다….

그들이 도착했을 때 할머니는 돌아가신 뒤였어요. 어린 넬의 눈을 통해 성모마리아상이 걸린, 향 냄새 가득한 집안이 묘사됩니다. 이 집을 떠난 뒤 처음으로 만나는 헬렌과 그녀의 엄마. 두 사람은 모르는 사람들처럼 서로 바라봅니다. 헬렌에게 이 크레올 창녀는 지워버리고 싶은 수치스러운 과거일 뿐이겠지요.

그러나 보세요. 어린 넬의 눈에 비친 그 여자는 부끄러워할 존재가 아닙니다. 그녀는 부드럽고 향기롭고, 어디선가 왔다가 금방 날아가 버린 노란 새 같아요. 과연 잠깐 나타났을 뿐인 이 여자는 서늘한 바람을 연상시켜요. 넬의 이런 느낌을 통해 작가는 창녀에 대한 상투적인 묘사를 거부해요. 성냥불을 켰다가 훅 불어 끈 뒤 타버린 성냥머리로 눈썹을 그리고 침을 묻혀 귀밑머리를 매만지는 그녀의 모습은 밑바닥 소외 계층인 그녀에 대한 획일적인 편견을 깨게 만들어요.

헬렌 모녀의 이 여행은 무엇을 말해주나요? 우리는 헬렌의 인습에 대한 강박이 어디서 왔는지 알게 되었어요. 그녀가 절박하게 쌓아올린 자기방어적 태도가 기존 권위 앞에서 허망하게 무너지는 것을 보았어요. 이 여행으로 헬렌은 더욱 인습에 매달릴 것 같아요. 집으로 돌아온 그녀가 수선을 피우며 크게 안도하는 모습이 이를 암시합니다.

그러나 이 여행의 진정한 의미는 넬의 변화, 즉 넬의 자기 각성에 있어요. 그리고 헬렌의 반대로 사귀지 못했던 술라와 친구가 되는 것에 있어요. 넬의 변화는 며칠씩 기차를 타고 난생처음 멀고 먼 남부에 다녀왔기 때문만이 아닙니다. 물론 넬은 이때 처음으로 작은 흑인 마을의 일상을 넘어 다른 사람들과 세상을 보았어요. 샛노란 카나리아를 연상시키던 할머니도 보았어요. 그러나 무엇보다 넬에게 강렬한 인상을 남긴 것은 여행 중에 보게 된 헬렌의 모습이에요. 자기를 무시하는 백인 승무원에게 하얀 이를 드러내며 미소 짓던 엄마. 그런 엄마를 분노에 차서 노려보던 흑인 병사들. 그때의 헬렌은 아버지가 떠받들던 엄마, 모범적으로 행동하던 도도한 엄마가 아니었지요. 넬은 그런 엄마를 보면서 그녀처럼 되지 말자고 다짐을 했어요.

여행에서 돌아온 날 밤 넬이 거쳐가는 변화는 이 모든 것들이 합해져서 일어난 것이겠지요. 넬의 내적 변화는 자신의 얼굴을 보고 싶다는 생각으로 시작돼요. 자기만의 자아가 생겨난

다는 표시지요. 앞 장에서 쉐드렉이 변기의 물에 비친 검은 얼굴을 보고 자기를 확인하는 모습이 기억나네요. 넬은 침대에서 나와 램프를 켠 뒤 오랫동안 거울 속의 자기 얼굴을 응시합니다. 돌연한 한기가 그녀를 꿰뚫고 지나가요. 그녀는 낮게 속삭여요. "그래, 나는 나야. 나는 그들의 딸도 아니고, 넬도 아냐. 나는 나라고."

보세요. 이 말을 반복하며 넬이 느끼는 것은 힘과 기쁨과 두려움이에요. 진정으로 홀로 서는 순간에만 느낄 수 있는 감정들이지요. 넬은 이때 엄마의 통제와 보호를 넘어서고, 마을 사람들의 시선과도 상관없는, 독자적인 자아를 확인하는 것이지요. 내가 나의 주인이 되는 순간, 솟구치는 기쁨과 힘을 느끼는 것은 당연하지 않나요? 동시에 이제부터 나에 대한 책임도 혼자 져야 하므로 두려움을 느끼는 것도 당연하지요. 자기를 확인하는 순간, 넬이 느끼는 것은, 그래요, 존재에 대한 찬미와도 같아요. 넬은 간절하게 기도해요. "난, 멋진 사람이 되고 싶어요. 주님, 저를 멋지게 만들어주세요."

앞으로 우리는 계속 넬의 이 순간을 상기하게 될 것입니다. 그러나 백인도 아니고 남성도 아니고 아내도 엄마도 아닌 나, 이것이 인종 차별적인 가부장 질서 속에서 가능할까요? 앞으로 알게 될 것이에요.

작가는 헬렌 모녀의 남부 여행을 통해 넬과 술라가 앞으로 살아갈 현실을 강조하고 있어요. 백인 남성 중심 사회 속에서 흑인 여성으로 살아간다는 것, 무엇보다 인습에 개의치 않고 독립적인 삶을 살고자 하는 것, 그것이 무엇을 의미하는지 질문하고 있어요. 이 질문은 앞으로 계속 나타날 거예요. 우리로 하여금 인습과 규범을 비판적으로 바라보게 만들 거예요.

자, 이렇게 우리는 넬의 최초의 자아 각성을 보았어요. 그러나 이 순간도 잠시, 곧바로 이어지는 이 문장을 보세요. "여행에서 겪었던 많은 경험들이 그녀를 엄습해왔다. 그 애는 잠이 들었다. 그것은 그녀가 메달리온을 떠났던, 처음이자 마지막 여행이었다."

이 문장을 보며 묻지 않을 수 없어요. 넬에게 그 이후 무슨 일이 일어났나요? 왜 이날 밤의 각성에도 불구하고 그녀는 날개를 펼치지 못한 것일까요? 이 질문을 간직합시다. 자, 무엇보다 먼저 넬은 술라와 친구가 됩니다. 지난 5년을 같은 학교에 다녔지만 술라네 집안이 엉망이라면서 넬의 엄마가 친구 되는 것을 반대했었지요. 새로 자신을 발견한 넬은 이제 독자적인 힘이 생긴 듯합니다.

넬의 엄마가 반대하는 술라의 집 묘사를 보세요. 설거지통에는 그릇들이, 홀에는 신문더미가 쌓여 있군요. 이웃 사람들이 쉬지 않고 들락거려요. 난로 위에는 언제나 무엇인가가 끓고 있어요. 술라의 엄마는 술라를 간섭하는 일이 없군요. 함께 사는 다리 하나가 없는 술라의 할머니는 주머니에서 과자도 꺼내 주고 꿈 해몽도 해주는군요.

한마디로 술라의 집은 깔끔하게 정리된 넬의 집과는 정반대입니다. 중산층 입장에서 보면 정신없고 산만하고 지저분해요. 동시에 넬의 집이 질식할 것 같다면 술라의 집은 숨통이 트이는 것처럼 느껴지기도 해요.

자, 독자 앞에 처음 나타난 술라를 보세요. 빈틈없이 정돈된 넬의 집 거실 붉은 벨벳 소파에 그 아이는 새벽처럼 고요하게 앉아 있어요. 드디어 술라가 등장했군요. 다음 장으로 넘어갑니다.

제3강 _ *1921*

여러분, 이 장을 다 읽으셨지요? 충격적이고 정신 없지요? 그래요. 여기서는 모계 중심의 술라의 대가족을 다루고 있어요. 남자들은 가출하거나 죽었어요. 이 집안 여자들, 외할머니와 엄마는 인습적이지만, 그러나 완전히 인습적이지만은 않아요. 단순하지 않지요? 좀 더 보세요.

술라의 외할머니 에바. 이 대가족의 사령관이에요. 정신적 · 물질적 가장입니다. 목발을 짚고 다니지만 활기차고 강인한 여성이지요. 그녀는 남편이 집을 나간 후, 다리 하나를 절단한 대가로 보상금을 타서 세 자녀를 키웠어요. 나중에는 전쟁에서 마약 중독이 되어 돌아온 막내아들을 불타 죽도록 해요.

한 가지씩 짚어봅시다. 술라가 살고 있는 에바의 커다란 집을 보세요. 넓은 앞뜰에는 네 그루의 배나무가 있고 뒤뜰에는 아름드리 느릅나무가 있어요. 마음에 드네요. 이 집은 몇 년에 걸쳐 조금씩 조금씩 덧붙여 지었어요. 살아가면서 필요에 따라 더 많은 층계와 더 많은 방들, 더 많은 문들을 달았어요. 집은 그렇게 지어야 하는 게 아닌가, 그래야 사람이 집 주인이 되는 거 아닌가, 하는 생각이 드네요.

이 집의 당당한 여주인 에바는 휠체어에 앉아 그녀가 주로 생활하는 3층에서 집안을 총괄합니다. 들락거리는 이웃들, 친구들, 거두어 키우는 부모 없는 아이들, 세든 사람들의 삶을 지시하고 간섭하고 도와줍니다.

작가는 당당한 에바를 먼저 등장시킨 뒤에야 에바의 다리가 하나뿐인 이유를 말해요. 그 방식을 보세요. 불구 다리에 관해 확실한 사실을 말하는 게 아니라 사람들 사이의 소문을 전달하는 식이에요. 어떤 사람은 에바가 다리를 열차에 치여서 그 보상금을 받았다고 해요. 또 어떤 사람은 병원에 만 불을 받고 다리를 팔았다고 해요. 무엇을 뜻하나요? 아무도 확실한 것은 모른다는 것이지요. 중요한 것은 에바가 다리 하나를 희생해서 그 돈으로 아이들과 살아갈 수 있었다는 사실입니다.

오히려 사라진 다리에 대해 언급하는 것은 에바 자신이에요. 아이들을 재미있게 해주려고 기상천외한 유머와 상상력으로 무시무시한 이야기를 해주지요. 어느 날 다리가 저절로 일어나더니 멀리 걸어가 버렸다, 절룩거리며 잡으러 쫓아갔지만 다리가 너무 빨리 달렸다, 발가락에 티눈이 생겼는데 점점점점 커지더니 발 전체가 티눈이 되고, 다리 위로 계속 올라가서 빨간 헝겊으로 덮었지만 이미 무릎까지 올라왔다, 이런 식이에요.

에바는 자신의 불구에 대해 스스럼이 없어요. 그녀는 늘 자신의 외모를 멋지게 꾸몄고 남은 다리 하나는 참으로 보기 좋았어요. 그녀는 그 다리에 스타킹을 신고 비가 오나 눈이 오나, 발목까지 오는 리본 달린 검은색 구두를 신어요. 무엇보다 그녀는 일부러 긴 드레스를 입지 않았어요. 그녀의 드레스는 장딴지 중간까지 와서 아름다운 다리 하나를 늘 볼 수 있어요. 왼쪽 허벅지 아래 빈 공간도 함께.

다리 하나를 잃고, 그것도 그런 끔찍한 이유로 잃고, 남은 다리 하나를 이렇게 자랑스럽게 아름답게 꾸미는 것을 본 적이 있나요? 이런 묘사는 불구에 대한 상투적인 우리의 편견을 단숨에 깨트리는군요. 하여간에 에바는 자신의 삶에 대해 떳떳하고 여유가 있어요. 아무도 그녀가 불구인 것을, 나이 든 할머니라는 것을 의식하지 못해요. 남녀노소가 주위에 모여들어요. 아이들은 놀라움과 존경에 차서, 특히 남자 노인들은 예의를 갖추며 즐겁게 그녀와 담소해요. 근사하네요.

에바의 사라진 다리에 관한 이야기, 그것은 남편이 가출한 뒤 그녀 혼자 아이들과 살아남은 이야기예요. 에바는 5년간 끔찍하게 가난하고 불안한 결혼 생활을 했어요. 술과 여자, 폭력을 일삼던 남편 보이보이는 아이 셋을 두고 가출했어요. 에바에게 남은 것이라곤 1달러 65센트, 달걀 다섯 개, 사탕무 세 개, 다섯 살짜리 맏딸 한나와 여동생, 젖먹이 막내아들 플럼뿐이었어요. 에바는 이웃에게 세 아이를 맡기고 집을 떠난 뒤 18개월 만에 다리 하나에 목발을 짚고 검은 새 지갑을 들고 돌아와요. 이웃에게 1달러를 주고 아이들을 데려오고 전에 살던 방 한 칸짜리 오두막은 세를 놓고 근처에 집을 짓기 시작한 것이지요.

에바의 이야기는 참혹한 개인사이자 가난한 흑인들의 가정사이기도 해요. 그녀의 남편 보이보이는 왜 가출하나요? 왜 술과 여자와 폭력을 일삼나요? 막노동일도 이민자들에게 돌아가는 사회, 흑인 남성들은 철저히 무력화되는 사회. 이 소설에서 흑인 여성들의 삶은 흑인 남성들의 삶과 직결되어 있습니다. 이는 곧 등장하는 보이보이의 모습을 통해 분명해질 거예요.

에바의 다리에 관한 이야기가 있은 뒤 가출했던 보이보이가 잠깐 등장해요. 작가는 무슨 말을 하려는 것일까요? 막내가 세 살이 되었을 때 보이보이는 지나는 길에 들렀다며 에바에게 나타나요. 두 사람은 어제도 만난 이웃인 양 이런저런 일들을 얘기해요. 그에 관한 묘사를 잘 보세요. 반들거리는 오렌지색 구두와 옅은 푸른색 양복에 멋들어진 밀짚모자를 쓴 그는 말 그

대로 대단히 잘나가는 남자처럼 보여요. 그러나 작별 인사를 하고 나가는 보이보이의 뒷모습에서 에바는 여전한 그의 좌절과 무력감을 봐요. 배나무에 기댄 채 그를 기다리고 있던 연두색 드레스를 입은 도시풍의 여자가 그가 무엇인가 말하는 것을 듣더니 큰 소리로 웃어댑니다.

이 장면에 등장하는 보이보이. 번지르르하게 차려입고 바쁜 듯 허풍 떠는 그는 그러나 할 일 없이 돈 있는 여자에게 기생하는 남자의 모습이에요. 자기 존중감을 잃어버린 위축된 모습이에요. 잠깐 나타났다 사라지는 보이보이는 앞으로 등장할 넬의 남편의 가출을 암시합니다. 그때 좀 더 살펴보기로 하지요.

에바의 이야기는 가장이 가출한 뒤 자식들을 혼자 키우는 흔한 이야기예요. 그런데 왜 그녀의 이야기가 더 강렬하게 들리는 걸까요? 다리 하나를 희생한 극단적인 자기 파괴 때문일까요? 그렇기도 해요. 그러나 이에 못지않게 에바의 의연한 태도 때문이 아닐까요? 에바는 자신의 불구나 팔자에 대해 동정이나 연민을 구하지 않아요. 자식들을 위해 희생했다는 의식도 없는 듯해요. 그래서 에바 자신도, 그녀를 보는 사람도, 그녀의 불구를 의식하지 못해요. 무엇보다 그녀는 거칠고 고집 센 억척어멈이 아니에요. 그녀는 다리 하나를 아름답게 가꾸고 일상을 즐기면서 자기가 주인이 되어 살아요. 그래요. 작가는 이렇게 인물들을 스테레오 타입으로 그리지 않아요. 그래서 인간에 대한, 상황에 대한, 우리들의 경직된 시각과 편견을 흔들어요. 우리가 움찔 놀라 인간과 사물을 다시 바라보게 해요.

자신을 존중하고 삶을 사랑하는 에바의 태도는 남자들과의 관계에서 잘 나타나고 있어요. 에바의 집은 늘 그녀를 만나러 오는 신사 방문객들로 북적이는군요. 작가는 그들을 신사들이라고 분명하게 밝히고 있어요.

특이한 것은 에바와 함께 있으면 남자들이 더욱 의젓해지고 자신감이 생긴다는 거예요. 그들은 서로 농담을 주고받고 많이 웃어요. 에바와 체스를 두면서 그녀의 얼굴에서 빛나는 기쁨을 보고 좋아해요. 무엇보다 그들은 에바와 함께 있으면 자신들이 있는 그대로 존중받고 인정받는다고 느껴요. 대단한 능력이지요? 신사들과 유쾌한 교제를 즐기는 에바를 보고 있으면 그녀의 불구는 마치 사람들과 자유롭게 교류할 수 있는 면허 같다는 생각조차 들어요.

술라의 엄마 한나는 어떤가요? 그녀에게는 늘 애인들이 있어요. 여러분, 지루하지요? 술라는 언제 나오는 거야, 왜 늙은 할머니, 엄마 얘기만 계속하는 거야, 그런 생각이 들지요? 기다리세요. 이것이 모두 술라를 등장시키기 위한 기초 작업이니까요.

좀 더 봅시다. 에바는 남자들을 좋아하고, 한나는 남자의 관심을 받지 않고 사는 것을 거부한다는 표현은 솔직하고 재미있군요. 그래요. 가장이 없는 이 집에 에바의 남자친구들, 한나의 애인들이 들락거리는 것은 인습적이지 않아요.

일부일처 제도 속에서 가장이 부재하면 독자적인 여성의 삶은 성립되기 어려워요. 사회·경제적으로 성적으로 여성의 삶은 단절됩니다. 여성의 혼외정사는 사회적 비난과 개인적 죄의식을 감수해야 해요.

그러나 에바와 한나의 삶은 달라요. 그런 통념을 거부해요. 집안의 가장으로 경제력을 가진 에바는 생활의 주도권을 쥐고 있어요. 남편이 죽은 뒤 술라를 데리고 친정으로 들어와 살고 있는 한나도 남자들과의 성을 스스럼없이 즐겨요.

이 부분을 주목하세요. 에바와 한나는 남자들의 사회·경제적 지위에 상관없이 그들을 독자적인 존재로 인정합니다. 그들에게 정서적으로 의존하지도 않아요. 그러므로 에바와 한나에게 남자들은 힘겨운 보호자나 부양자의 역할을 하지 않아도 됩니다.

한나의 경우를 좀 더 봅시다. 한나의 많은 애인들은 그녀의 친구 또는 이웃의 남편이에요. 그녀는 일부일처제의 질서를 깨는 거지요. 그러나 한나의 태도를 보세요. 남자들과의 성은 그녀의 일상을 방해하지 않아요. 그냥 자연스럽고 경쾌하고 장난스러워요. 따로 장소와 시간도 필요 없어요. 집안일을 하다가 천연스럽게 곡식들이 쌓인 창고로 들어가는 식이에요. 거의 본

능적인 천진성이 느껴집니다. 그래서 한나에게는 남자에 대한 소유욕도 질투도 없어요. 특이한 태도예요. 그녀의 이런 태도는 마을 여자들과 비교되면서 더욱 분명해집니다.

자, 여기가 재미있군요. 작가는 마을 여자들을 세 부류로 나누는군요. 먼저, 모범적인 좋은 아내, 가정주부들이 있어요. 이들이 한나를 싫어하는 것은 당연하지요? 한나는 그들의 가정을 위협하니까요. 아니 더 솔직하게 그들은 아내라는 직업, 지위에서 해고당할까 봐 겁나는 것이라고 하는군요. 모리슨 특유의 유머와 풍자가 느껴지네요.

그다음은 마을의 창녀들이에요. 성을 파는 직업인이지요. 공인된 매춘 제도는 결혼 제도를 유지하기 위한 장치라고도 하지요. 그런데 보세요. 한나는 돈을 받지 않고 남자들과 즐김으로써 이 여자들의 영업을 방해하는 셈이지요.

세 번째 여자들은 누구인가요? 애인 있는 유부녀들이에요. 이 여자들은 제도 안에 머물면서 일탈을 하는 거지요. 이들이 비인습적인가요? 그렇지 않아요. 일탈적인 행동을 하는 만큼 그들은 더욱 인습적이에요. 죄의식에서 오는 보상 심리겠지요. 그런데 이들은 왜 한나를 미워합니까? 그녀가 자신들과 너무 다르기 때문이에요. 자기들처럼 질투하지도 집착하지도 않기 때문이에요.

이상하지요? 이 여자들, 남편과 애인이 있는데, 무엇에 집착하고 질투할까요? 기득권을 놓칠지도 모른다는 불안감 때문일까요? 그렇다면 집착이니 질투니 하는 것도 본성이라기보다는 소유욕에서 오는가요? 그렇다면 일부다처제에서는 그 의미가 달라질까요? 막연하게 사랑 운운 하지 말고, 여러분, 잘 생각해 보세요. 여성의 특성으로 여겨지는 이 감정들도 많은 경우 여성의 사회 · 경제적 불안정한 위치와 상관있으니까요.

그렇다면 한나에 대한 남자들의 생각은 어떤가요? 마음 내키는 대로 애인을 바꾸고, 질투하지도 매달리지도 않는 그녀에 대한 그들의 태도는 어떤가요? 숙덕거리고 멸시할까요? 그렇지 않아요. 오히려 그들은 한나가 친절하고 관대하며 매력적이라고 생각해요. 누구든지 한나를 비난하면 적극적으로 변호합니다. 남자들의 이런 태도를 어떻게 이해할까요? 한나의 천진성, 자유로운 태도와 상관있을까요? 그래요. 한나의 성에 대한 태도는 가부장제의 배타적 성의 사유화에 대한 패러디 같기도 해요.

한나의 성에 대한 무심한 태도는 어린 술라에게 성이란 흔하고 즐거운 것이며 특별히 말할 꺼리도 못 된다는 생각을 하게 해요. 이런 태도는 속옷 이야기만 나와도 키득거리는 다른 아이들과는 다르지요. 청교도적 인습에서 성은 억압되고 감춰진 부끄러운 것이니까요.

자, 이 장의 후반에서는 에바가 마약으로 만신창이가 된 막내아들 플럼에게 석유를 뿌린 뒤 불에 타 죽게 해요. 충격적인 에바의 행동은 모성에서 나오는데, 이는 모성에 대한 인습적인 우리의 이해를 뛰어넘는 것입니다.

에바에게 플럼은 어떤 아들이었나요? 캄캄한 겨울밤 죽을 듯이 울어대는 아기의 항문에서 사금파리를 파내고 살려냈었지요. 그런데 그가 전쟁에서 마약중독자가 되어 돌아왔어요.

늦은 밤 에바는 목발에 의지해 아들의 방으로 갑니다. 석유를 아들의 몸에 뿌리기 전에 잠든 그를 안고 눈물을 흘립니다. 기억들이 떠오릅니다. 사랑스럽던 어린 아들이, 엄마 참 이뻐, 하던 모습. 그러자 엄마의 기척에 아들은 잠에서 깹니다. "엄마야? 왜 그래, 우리 멋진 엄마. 전 괜찮아요. 다 잘될 거예요. 어서 가서 주무세요." 아들은 한밤중에 자기를 안아주는 엉뚱한 엄마에게 미소 지으며 다시 잠에 빠집니다.

에바는 아들의 몸에 석유를 뿌립니다. 작가는 이 장면을 잠 속으로 빠져드는 아들 플럼의 눈으로 묘사하고 있는데, 이 사실이 중요합니다. 플럼의 마지막 의식과 느낌을 보여주기 때문이지요. 불에 타 죽기 직전의 그가 무엇을 느꼈는가, 그는 행복했는가, 엄마가 자기를 불태워 죽이는 것을 아는가, 이런 질문에 어떤 대답을 하느냐에 따라 에바의 행동의 의미는 하늘과 땅 차이로 달라지니까요.

■ ■ ■ 그는 어스름한 빛을 느꼈다. 축축한 빛이 대단히 좋은 냄새를 풍기며 그의 두 다리와 배 위로 흐르는 듯했다. 이 축축한 빛은 피부를 튕기고 파고들어 그의 전신을 감쌌다. 그는 눈을 뜨고 독수리의 커다란 날개가 축축한 빛을 그의 몸 위에 뿌리는 것을 보았다고 생각했다. 어떤 종류의 세례, 일종의 축복이라고 그는 생각했다. 만사가 다 잘될 것이라고 그것은 말했다. 그럴 것임을 알고 그는 두 눈을 감은 뒤 다시 환한 깊은 잠 속으로 빠져들었다. (47)

잘 보세요. 플럼은 빛을 보고 느낍니다. 자기 다리와 배, 온몸을 서늘한 빛과 향긋한 냄새가 휘감는 것을 느낍니다. 독수리의 커다란 날개가 자기 몸 위에 축축한 빛을 뿌리는 것을 보았다고 생각합니다. 그래요. 그는 빛과 날개를 보고 느껴요. 이는 마약에 찌든 플럼이 정화되어 비상하는 것을 암시하는 듯합니다. 병든 육신에서 해방된 젊은 영혼이 자유로워지는 것이지요. 이어지는 '세례'와 '축복'이라는 두 단어가 이를 뒷받침합니다. 이래서 에바가 아들을 불태워 죽이는 것은 아들을 구원하는 행동입니다. 작가는 이 순간의 에바를 아들에게 새 생명을 주는 어머니로 확실하게 그리고 있어요. 이것은 앞으로 에바 자신의 입을 통해 다시 확인될 것입니다.

에바의 모성은 서로 모순되는 것 같나요? 다리 하나를 포기해서 자식들을 구한 것도, 마약에 중독된 플럼을 죽이는 것도 그녀의 모성이니까요. 우리는 앞으로 다시 한 번 에바의 모성과 직면하게 될 것입니다.

제4강 _ *1922*

새로운 장을 시작합시다. 그런데 여러분, 알아차렸는지요? 지금까지 읽어온 1919, 1920, 1921, 각 장마다 죽음이 등장했어요. 특히 플럼의 죽음은 충격적이었지요. 앞으로도 우리는 형태를 달리한 죽음과 폭력을 만날 것입니다. 인종 차별로 인한 물리적 · 정서적 폭력을 보게 될 것입니다.

이 장에서는 드디어 술라와 넬, 두 사춘기 소녀의 우정을 본격적으로 다루고 있어요. 여기서도 우리는 새로운 형태의 폭력과 만나게 됩니다. 먼저 자신들을 골탕 먹이려는 이민자 소년들에 맞서 술라가 칼로 자기 손가락을 찔러요. 또 강가에서 우연히 만난 어린 소년이 거짓말처럼 물속으로 사라져요. 그리고 소년의 시체가 발견되어 부모에게 인도될 때까지의 가혹한 현실과 만납니다.

먼저 술라와 넬, 두 소녀의 외모에 대한 간단한 묘사를 보세요. 넬의 피부색은 새카만 색에서 살짝 벗어난 젖은 모래 색깔이군요. 피부색이 이보다 더 환했다면 등굣길에 엄마가 동행했거나 성격이 더 고약해졌겠지요. 자신을 보호하기 위해서지요. 반면 술라는 짙은 갈색 피부에 크고 조용한 눈을 가지고 있군요. 그런데 잘 보세요. 한쪽 눈꺼풀 중간쯤에서 시작되는 반점이 있군요. 장미모양 문신처럼 보여요. 이로 인해 평범한 술라의 얼굴에서는 어떤 긴장과 흥분이 느껴져요. 넬은 술라보다 정서적으로 안정되어 있어요. 엄마 헬렌의 지속적인 감시 아래 충동적인 요소들은 가라앉은 듯해요.

두 소녀의 우정은 급속하고 강렬하게 발전했어요. 그들은 서로에게서 위안을 찾았어요. 사춘기의 절정에 있는 그들에게 모든 것이 새롭고 무섭고 경이로웠지요. 당연히 그들의 공상 속에 젊은 왕자가 등장합니다. 그러나 왕자가 등장하는 방식은 달라요. 넬은 공상 속에서 머리를 풀고 꽃무늬 침대에 누워 멋진 왕자를 기다리고 있어요. 사춘기 소녀들의 전형적인 공상의 내용이지요. 누워서 왕자를 기다리는 것은 가부장제 속에서 남자를 기다리는 수동적인 여성의 모습이지요. 잠자는 숲속의 공주처럼 말이지요. 세상이 바뀌어 여자들이 남자들을 선택하게 되면, 잠자는 숲속의 왕자가 될까요? 여자들이 와서 깨워주기를 기다리는 남자들… 동화 속의 이야기는 우리 속의 고정관념의 반영이지요.

술라의 경우는 달라요. 공상 속에서 그 애는 백마를 타고 달려요. 남자도 술라와 함께 맹렬한 속도로 달려요. 수동적인 넬과는 달리 술라는 말고삐를 잡고 있어요. 남자를 기다리는 것이 아니라 그와 함께 달리는 거죠. 이 두 소녀의 공상의 차이를 기억합시다. 이 공상의 차이처럼 두 소녀의 삶은 달라질 것입니다. 넬은 인습적인 삶을, 술라는 인습에 개의치 않는 삶을 살 거예요.

작가는 이렇게 두 소녀의 공상을 말한 뒤 그들의 삶의 조건을 분명하게 밝힙니다. 인종과 성 그리고 사회 · 정치적 조건으로 인해 그들의 삶에서는 자유와 승리가 원천 봉쇄됩니다.

좀 더 보세요. 술라와 넬이 단짝이 될 수 있었던 것은 둘의 나이가 비슷하고, 부모와 친하지 않은 탓도 있지만 진정한 이유는 따로 있어요. 소녀들은 서로 만나기 전부터, 흑인 여자로서의 자신들의 운명을 감지하고 있었기 때문이에요. 자신들이 백인도 아니고 남성도 아니라는 것, 그래서 자신들에게는 자유와 개인적인 성취가 차단되고 있다는 것을 깨달아요. 둘은 스스로 자신들만의 것을 찾아야 해요. 반복합시다.

이 흑인 소녀들은 처음부터 자아실현과 성취를 꿈꿀 수 없어요. 삶은 그들에게 비상은커녕 날개조차 허용하지 않아요. 그들을 기다리고 있는 것은 능력이나 의지와는 상관없이 의존적일 수밖에 없는 삶이에요. 두 사춘기 소녀의 우정에 대해 말하면서 작가는 이 점을 강조하고 있어요. 이들의 불안정하고 위태로운 환경은 다음과 같은 사건들에 의해 강조됩니다.

술라와 넬의 하굣길은 늘 불안해요. 그들을 괴롭히는 아일랜드 이민 소년들 때문이에요. 그들은 이 소년들을 피해 먼 길로 돌아갑니다. 그러나 바람 부는 추운 겨울날, 두 소녀는 두려움을 무릅쓰고 가까운 길을 택해요. 남자아이들은 먹이를 발견한 듯 다가옵니다. 이때 겁에 질린 술라가 어떤 행동을 하는지 보세요. 술라는 주머니에 손을 넣더니 에바의 작은 칼을 꺼내요. 이를 본 소년들은 멈칫하다가 의기양양해집니다. 생각했던 것보다 더 흥미 있어지니까요.

술라는 흙먼지 길에 웅크리고 앉더니 칼을 오른손에 쥐고 자기 왼손 집게손가락을 칼끝에 대고 세게 누릅니다. 떨어져 나온 살점과 흐르는 피. 술라는 침착하게 말합니다. "내가 나한테 이런 짓을 하는데, 너희들한테는 무슨 짓을 못할 것 같냐?" 소년들은 줄행랑을 칩니다. 이때의 술라의 행동은 속수무책으로 남자애들의 횡포에 당하거나, 무서워서 비명을 지르며 달아나는 여자아이들의 일반적인 모습과는 다르지요. 그 애는 앉아서 당하는 대신 자해함으로써 자신을 위험에서 구하는 것이지요. 이와 같은 술라의 요소가 앞으로 그녀의 삶에 어떤 방식으로 나타날 것인지요?

이 작은 사건에는 보다 깊은 의미가 들어 있어요. 흑인 소녀들을 괴롭히는 아일랜드 이민 소년들의 행동 속에는 미국의 꿈, 이민, 인종 차별 등 이 사회를 구성하는 핵심적인 요인들이 녹아 있어요. 보세요.

많은 이민자들이 그렇듯이 이들의 부모들도 미국을 약속의 땅, 기회의 땅으로 믿고 왔어요. 그러나 곧 현실의 벽에 부딪힙니다. 낯선 언어, 이상한 억양, 현지인들이 이들의 종교에 대해 갖는 불신과 만나요. 신의 새로운 도시를 건설하기 위해 뉴잉글랜드에 처음 도착했던 이들은 청교도들이었지요. 그러므로 대부분이 가톨릭 신자들인 아일랜드 이민들이 만나게 되는 것은 배타와 소외였을 거예요. 특히 이 마을에는 성당도 없었어요.

그러나 이들 이민자들의 가장 큰 어려움은 일자리를 구하기가 힘들다는 것이에요. 이 가난한 마을에서 외지인들은 경계의 대상이 됩니다. 이런 복잡한 환경 속에서 흑인들은 유일하게 이들 이민자들에게 배타적이지 않아요. 겉으로는 적대감을 드러내지 않아요. 그렇다면 이민자들과 흑인들은 약자들로서 서로의 처지를 이해하며 공존해야겠지요? 그렇지 않아요. 이민자들은 자신들을 백인들과 동일시하려고 해요. 백인들의 인습과 가치, 편견까지 모두 모방하려고 해요. 자신들을 백인 문화에 동화시키려는 것이지요.

그러므로 이들에게 두 흑인 소녀는 만만한 대상이에요. 백인들의 흑인 차별에 그들도 가담함으로써 백인 질서와 편견을 더 공고하게 하고, 자신들도 그 질서 속으로 편입된다고 생각하는 것이지요. 아일랜드 이민 소년들이 술라와 넬을 괴롭히는 행동은 이런 맥락으로 더 잘 이해될 수 있어요. 우리가 읽은 소설, 『허클베리 핀의 모험』에 등장하는 헉핀의 술주정뱅이 아버지도 같은 인물이었지요. 백인 최하층에 속하는 뜨내기지만, 흑인에 대한 편견과 오만은 그를 통해 강조되었지요.

아일랜드 이민 소년들을 통해 미국 사회의 폭력을 보았다면, 이 장이 끝나기 전에 우리는 또 하나의 폭력과 만납니다. 보세요. 그해 여름 어느 오후 술라는 우연히 엄마 한나가 이웃과 나누는 얘기를 엿듣게 돼요. "난 술라를 사랑하지만, 좋아하지는 않아." 예민한 사춘기를 거쳐가고 있는 소녀에게 그 말은 어떻게 들렸을까요? 돌연 버림받은 느낌, 아니었을까요? 술라는 눈가에 통증을 느끼며 바람처럼 집을 빠져 나갑니다.

술라는 그날 오후 또 하나의 충격적인 사건과 만나요. 자기 손을 붙들고 빙빙 돌던 소년이 돌연 강물 속으로 빠져버려요. 그때 술라가 받은 충격은 개인 의지의 무력함, 그런 것 아니었을까요? 좀 더 자세히 봅시다.

그해 여름은 정말 아름답게 묘사되는군요. 만개한 여름 꽃들은 제 무게에 못 이겨 축축 늘어져요. 해바라기는 울타리를 따라 피어 있고 옥수수의 황갈색 수염은 줄기를 따라 길게 늘어졌어요. 그리고 여름 풍경 속에서 보석처럼 빛나는 어린 소년들을 보세요. 들판은 그들이 외치는 소리로 가득해요. 강에서 멱을 감으며 놀고 있는 소년들의 젖은 등이 반짝거려요.

술라와 넬은 강가에서 모래를 파기도 하고 나뭇가지들을 구멍 속에 묻기도 하며 놀고 있어요. 어린 흑인 소년 치큰 리틀이 코를 후비며 헐렁한 반바지를 입고 느릿느릿 나타나요. 넬과 술라는 소년을 놀리기도 해요. 술라는 소년을 데리고 높은 나무꼭대기에 올라가기도 해요. 나무에서 내려온 소년은 아, 내가 저 높은 곳에 올라갔었구나, 흥분하며 즐거워해요. 술라는 어린 소년의 손을 잡고 힘껏 빙빙 돌려요. 소년은 공중에서 원을 그리며 꽥꽥 소리 질러요. 통통한 메뚜기들도, 새들도 놀라서 날아올라요.

바로 이 순간에 예기치 않은 사고가 일어납니다. 술라의 손에서 미끄러진 소년은 물속으로 가라앉아요. 끝이에요. 강물은 어둡게 그가 가라앉은 곳 위로 재빨리 닫혔어요. 소년의 단단하고 꽉 쥔 작은 손가락의 압력이 닫힌 물속을 바라보고 서 있는 술라의 손바닥에 아직 남아 있었어요. 믿을 수 없었어요. 조용하고 아름다운 여름 오후, 돌발 사건은 그렇게 일어났어요.

그래요. 우리 삶에서 끔찍한 일들은 그렇게 어딘가에 잠복되어 있다가 예고 없이 일어납니다. 강 건너 오두막에서 누군가 보고 있다는 두려움에 술라 혼자 오두막으로 달려가요. 그 집에 사는 쉐드렉은 술라를 향해, 수수께끼처럼 "한결같아"라는 말을 할 뿐입니다. 술라는 혼비백산하여 흐느끼며 넬이 있는 곳으로 다시 돌아오고, 두 소녀는 이 사건에 대해 입을 다물기로 합니다. 난 술라를 좋아하지는 않아, 라는 엄마의 말. 눈앞에서 물속으로 사라진 어린 소년. 이날 술라가 겪었을 당혹감과 충격을 상상해보세요.

이후 소년의 시체가 가족에게로 돌아오기까지의 과정이 상세하게 묘사됩니다. 이를 통해 다시 한 번 미국 사회 속에서 타자의 위치가 확인됩니다. 그래요. 술라의 이야기를 하면서 작가는 끊임없이 그녀가 살아갈 사회의 차별과 폭력의 구조를 상기시키고 있어요.

백인 뱃사공이 소년의 시체를 강에서 발견하고 배에 실었지만 흑인인 줄 알게 되자 배에서 냄새가 날까 봐 다시 끌어냅니다. 시체의 절반은 배 안에 있고 절반은 물에 잠긴 채 그는 보안관에게 신고해요. 그러나 백인 보안관은 자기 구역 일이 아니라면서 시체 인수를 거부해요. 우여곡절 끝에 며칠 뒤 한여름 무더위에 부패된 아이의 시체가 부모에게 인도됩니다. 그들은 실신합니다. 이 과정이 무엇을 말하고 있는지 아시겠지요? 우리는 묻지 않을 수 없어요. 흑인들은 이 잔혹한 현실에 어떻게 대응하는가. 이 질문에 대한 통찰을 아래 장면에서 찾아보세요.

흑인들이 마을 교회에 모여 소년을 위한 장례예배를 드립니다. 그들은 분노하지도 거칠게 항의하지도 않아요. 그들은 고난과 횡포에 순응해요. 그것이 그들의 저항 방식이에요. 그들은 순응함으로써 저항합니다. 이는 핍박받아 보지 않은 이들은 이해할 수 없고 도달할 수 없는 태도입니다. 오랜 고통을 겪으며 살아낸 사람들만이 갖는 힘이고 그들에게만 허용되는 은총 같은 것이겠지요. 은총이란 고통을 겪어낼 수 있는 힘, 계속 희망할 수 있는 능력이라고 이해한다면 말이지요.

흑인 목사의 설교가 계속되는 동안 예배에 참석한 사람들은, 특히 여자들은 일제히 두 손을 머리 위로 들고 흔듭니다. 자신들의 슬픔과 고통을 그렇게 분출하는 듯해요. 목사의 한마디 한마디를 자신들의 처지와 연결시킵니다. 사랑스러운 예수라는 말에 자신들 속에 갇혀 있는 작은 어린아이를 봅니다. 늙고 뚱뚱해진 그들의 몸 안에 여전히 남아 있는 순결한 어린아이, 그들의 야윈 몸뚱이 안에 여전히 숨어 있는 죄 없는 아이. 그들은 치큰 리틀의 장례예배를 드리면서 죄 없이 희생되는 어린 양, 다름 아닌 자신들의 삶을 확인합니다.

그들은 일어나 어린아이의 관 앞에서 울부짖으며 춤을 춰요. 고통과 시련을 이겨내는 방법, 신의 손을 피하는 방법은 신의 뜻에 저항하는 것이 아니라 적극적으로 인정하는 것임을 확인해요. 자신들에게 가해지는 이해할 수 없는 시련과 고난, 그것이 신의 뜻이라면 기꺼이 승복하는 것. 이것이 그들의 태도입니다.

이는 장례예배가 끝나고 어린아이의 관을 땅에 묻고 난 뒤의 묘사를 통해 다시 확인되는 듯합니다. 어린아이는 흑인 전용 묘역 안에 있는 그의 할아버지와 고모의 묘 사이에 묻혀요. 묘지 주변에는 들꽃들이 만발하고 나비들이 날아다녀요. 어린아이 혼자 묻혀 있는 외로움과 무서움이 느껴지지 않아요. 평화로워요. 인간 세계의 차별과 고통에서 벗어나 안식의 세계로 돌아간 듯합니다.

바로 이런 느낌 때문에 장례에서 돌아오는 길, 넬과 술라가 다시 평정을 되찾은 모습을 보며 우리는 안도해요. 두 소녀는 치큰 리틀의 돌발적인 죽음이 가져온 충격에서 벗어나는 듯해요. 땅속에 묻힌 것은 그의 육신이 담긴 관일 뿐이고, 소년의 깔깔거리는 웃음소리, 그의 어린 손가락의 느낌은 땅 위에 영원히 살아남을 것이라고 느끼는 것이지요.

그래요. 어린 소년의 죽음을 통해, 그의 장례예배를 통해, 우리는 흑인들의 삶이 고통과 시련에도 불구하고 웃음과 춤 속에서 지속되는 이유를 조금은 이해할 수 있을 듯해요. 넬과 술라가 일찍이 깨달은 것, 그들에게 자유와 성취를 근본적으로 차단하는 그때 그곳의 삶의 조건을, 작가가 이렇게 계속 강조하고 있는 것에 주목하기 바랍니다.

제5강 _ *1923*

1923년입니다. 자 여러분, 다 읽으셨지요? 전율이 느껴지지 않나요? 이 짧은 소설 속에 작가는 참으로 많은 것을 쏟아내고 있습니다. 강렬하고 시적이며, 개인적이면서 집단적인 이야기들이 촘촘히 연결되어 있다는 걸 거듭 느끼지 않을 수 없어요.

이 장에서 우리는 에바의 모성을 재확인하게 됩니다. 앞에서 에바가 플럼을 불태우는 것을 목격했던 우리는 여기서 에바의 입을 통해 그 이유를 알게 되지요. 그런 뒤, 그녀의 모성이 다시 한 번 증명됩니다. 무더운 여름, 마당에서 집안일을 하던 한나의 옷에 불이 붙어요. 날뛰는 딸을 향해 에바는 3층에서 유리창을 깨고 몸을 날립니다. 이 장도 예외 없이 격렬한 죽음이 지배합니다.

살펴봅시다. 끔찍한 사건을 앞둔 이 장은 에바와 한나, 두 모녀의 평범하고 일상적인 대화로 시작돼요. 한나는 강낭콩을 까며 에바와 이런저런 얘기를 합니다. 그러다가 지나가는 소리를 하듯 한나는 에바에게 물어요. "엄마, 우리가 어렸을 때, 우리를 사랑했어요?"

이렇게 시작된 두 모녀의 질문과 대답을 따라가다가 우리는 왜 에바가 플럼을 죽일 수밖에 없었는지 알게 됩니다. 너희들을 그때 사랑했냐고? 에바는 한나의 질문을 되풀이하며 무심하게 손으로 자기 다리가 잘려나간 뭉툭한 곳을 더듬더니 대답합니다. "아니. 네가 생각하는 방식으로는 아닌 것 같다." 그러더니 계속합니다. "내가 너희들을 사랑했냐고? 안 그랬으면 너희가 지금 이렇게 살아 있을 줄 아냐?" "알아요. 엄마가 우리를 먹여 살리고 키웠다는 건. 내 말은 그게 아니에요. 이를테면 엄마는 언제 한 번이라도 우리와 놀아준 적이 있었어요?"

한나의 이 질문에 에바가 느꼈을 감정들을 상상해보세요. 남편이 가출했을 때, 남은 것이라곤 1달러 50센트와 사탕무 3개, 달걀 2개, 다섯 살짜리 한나와 여동생, 그리고 갓난아기 플럼뿐이었지요. 아이들을 이웃에 맡기고 떠난 에바는 18개월 뒤, 다리 하나를 잃고 목발을 짚고 지갑을 들고 돌아왔지요. "어렸을 때 너희랑 놀아줬냐구?" 에바는 되물으며 한나를 쳐다보는군요. 그러더니 정색하며 말하기 시작합니다. 잘 들읍시다.

"놀아줬느냐고? 그때는 노는 게 뭔지도 몰랐다. 지금 이렇게 형편이 좋으니까 그때도 이런 줄 아는 모양인데, 그때는 지독했어. 모두 죽을 지경이었어. 검둥이들은 파리 새끼들처럼 죽어나갔어. (…) 너, 폴 아저씨가 콩 두 자루를 가져다준다 이거지? 아래층엔 멜론도 있고. 토요일마다 새로 빵을 굽고, 달걀도 있고 일주일에 한 번 쉐드렉에게서 생선을 사고… 그러나 그때는 사탕무 세 개뿐인데. 내가 어린 너희들을 데리고 이리 뛰고 저리 뛰면서 놀아주었냐고?" 한나가 그 얘기는 수백 번은 들었다고 대꾸하자 에바가 돌직구를 날립니다. "그럼 그게 사랑이 아니고 뭐냐?"

우리도 에바와 같은 심정입니다. 그래, 그 상황에서 그게 사랑이 아니고 뭐냐. 그러자 한나가 되묻는군요. 이 질문이 한나를 그동안 괴롭혔겠지요. "그럼, 엄마는 왜 플럼을 죽였어요?"

길게 이어지는 에바의 말을 들어보세요. 그것은 한나에게 하는 대답 같기도 하고 에바 혼자 하는 독백 같기도 합니다. 고해성사 또는 살풀이 같기도 합니다. 그 아이는 내 뱃속에서부터 쉽지 않았어. 열 달이 지나 그 애를 낳고, 어렵게 키웠어. 우리도 알고 있는 이야기입니다.

그런 아이가 자라서 청년이 되어 전쟁에 나갔다가 마약으로 폐인이 되어 돌아온 거지요. 똥오줌을 못 가리는 아기로 퇴행하고 있었고요. 그래요. 에바가 플럼을 죽인 것은 그를 독립된

어른으로 남게 하려고, 그가 아이로 퇴행하는 것을 막기 위해서예요. 폐인이 된 그를 병든 몸에서 구하기 위해서입니다. 눈물범벅이 되어 말하는 에바를 보며, 우리는 플럼이 불타는 순간 느꼈던, 세례를 받는 느낌, 빛의 느낌을 되살리게 됩니다. 에바의 행동은 플럼에 대한 사랑에서 비롯된 것임을 비로소 확인하게 됩니다.

그것이 에바의 모성이 아니라면 무엇일까요? 그런 대화가 있은 후 며칠 뒤 한나가 마당에서 불에 타 죽어요. 이날 에바의 행동은 그녀의 모성을 증명하는 것이지요. 그 끔찍한 사건이 일어나기 전, 이상한 일들이 계속됩니다. 봅시다.

불쑥 한나가 에바에게 엄마는 우리를 사랑했나요, 라고 묻더니, 어느 날은 무더위 속 깜빡 든 낮잠 속에서 붉은 드레스를 입고 결혼하는 꿈을 꾸기도 했어요. 또 천지에 미친 돌풍이 몰아쳤어요. 창문들이 떨어지고 나뭇가지들이 부러졌어요. 기다리던 비는 오지 않고 태양은 무섭게 이글거렸어요. 그런 와중에 열세 살이 된 술라는 심술을 부리고 물건을 깨트렸어요. 모든 것이 뒤죽박죽이고 혼돈스러웠어요. 불길한 일을 예고하는 듯한 이런 징조들은 우리에게도 낯설지 않아요.

인간사의 모든 일이 천지만물과 연결되어 있다고 하잖아요. 폭풍 직전에 참새들이 맹렬히 지저귄다거나 난파선에서 쥐들이 먼저 낌새를 채고 도망친다거나. 나비효과라는 것도 이런 얘기가 아니겠어요? 중국 대륙에서 나비 한 마리가 날기 시작하면 샌프란시스코에서 태풍이 분다… 그래요, 모든 것은 연결되어 있어요.

한나가 불에 타서 죽은 이날의 사건은 자세하게 묘사되고 있어요. 한낮 무더위 속 마당에서 음식을 준비하던 그녀는 옷에 불이 붙어 펄펄 날뛰고 있어요. 3층에 있는 자기 방에서 휠체어에 앉아 우연히 창밖을 내다보던 에바가 순식간에 목발로 창을 깨고 불 붙어 날뛰는 한나를 향해 몸을 날려요. 뛰어내리는 와중에도 에바는 자신의 몸이 불타는 한나 위에 떨어질 수 있도록 겨냥을 하며 허우적거려요. 그러나 제정신을 잃은 한나가 계속 펄쩍이며 움직여서 에바는 다른 곳에 떨어집니다.

충격에 싸여, 그러나 의식을 잃지 않은 채 에바는 자기 첫 아이를 향해 몸을 끌고 갔지요. 감각을 잃은 한나는 꼭두각시처럼 펄쩍거리며 달아나고 있고요. 그래요. 이 끔찍한 묘사를 읽으면 마치 영화의 한 장면을 슬로모션으로 보는 것 같아요. 에바의 이날의 행동은 며칠 전 한나의 질문, "엄마, 우리를 사랑한 적이 있어요?"에 대한 대답입니다. 이것이 사랑이 아닌가요? 우리는 깊은 숨을 내쉴 뿐입니다.

묘사는 계속됩니다. 할 말을 잃고 모여든 사람들. 어떤 이들은 앰뷸런스를 부르고 어떤 이들은 울타리에 기댄 해바라기들처럼 속수무책으로 서 있어요. 고양이 두 마리가 불에 탄 살 냄새를 맡으며 사람들 다리 사이로 움직여요. 누군가는 토하기 시작하고, 맹렬하게 앰뷸런스 소리가 울리고, 여자들은 소리쳐 예수를, 하나님을 부르기도 합니다. 그래요. 숨 쉴 수 없을 만큼 강렬한 장면입니다.

한나는 병원으로 옮기는 도중에 죽고 에바는 살아남아요. 한 구석에 칸을 쳐서 만든 흑인 전용 병실에 누워서 에바가 이웃들에게 말해요. 술라가 창가에 서서 불타며 펄쩍거리는 엄마 한나를 바라보고만 있었다는 거예요. 그 애가 충격 때문에 움직일 수 없었을 거라고 이웃들은 말했지만, 에바는 속으로 확신해요. 술라가 보고만 있었던 것은 그 광경이 흥미 있었기 때문이라고요. 충격으로 마비되었기 때문이 아니라고요.

생각나는 게 있지요? 어느 날 오후 우연히 술라가 엿듣게 된 한나의 말, "난 그 애를 사랑하지만, 좋아하지는 않아." 그때 느꼈을 술라의 당혹감, 눈을 찌를 듯하던 그 애의 아픔이 떠오르는군요.

이렇게 작가는 술라를 고아로 만드는군요. 왜 그럴까요? 에바는 치매끼로 정신이 오락가락하면서도 양로원에서 아흔 살까지 살아남아요. 작가는 에바에게 어떤 중요한 역할을 맡기려는 것일까요? 이런 질문을 하면서 이제 술라가 명실공히 주인공으로 나타나기를 기다립니다.

제6강 _ *1927*

자, 이제 1927년으로 갑니다. 술라의 단짝 넬이 동네 청년 주드와 결혼합니다. 결혼식이 끝나고 피로연이 한창일 때 술라는 마을을 떠납니다. 아니 지금까지 읽은 것은 뭐야? 독자들의 항의에 작가는 말하겠지요. 이제까지 우리가 읽은 것이 모두 술라에 관한 것이다, 술라를 등장시키기 위한 것이다, 라고요. 그의 말을 새겨들읍시다.

교회에서 진행된 진짜 결혼식, 이어지는 리셉션. 이 가난한 바텀 마을에서 넬과 주드의 이런 결혼식은 드문 축제입니다. 온 마을 사람들이 먹고 마시고 춤추는군요. 선다운 하우스의 창녀의 딸 헬렌은 드디어 인생의 성취를 이룬 듯합니다. 자, 이 장에서는 넬과 주드의 결혼을 다루고 있지만, 그것은 흔히 보는 두 젊은이의 연애와 결혼 이야기와는 달라요. 그것은 넬과 주드의 결혼 과정, 더 엄밀하게는 주드가 넬과 결혼하기까지의 과정을 보여줍니다. 그가 원하는 일을 얻는 데 실패함으로써 흑인 청년이 겪어야 하는 사회적 · 심리적 좌절을 보여주고 있어요. 원하는 일자리를 흑인이라는 이유로 거부당하자 남성으로서의 그의 자존감은 무너져요. 그에게 넬과의 결혼은 이 좌절감을 보상해주는 탈출구와 같아요. 넬의 경우, 결혼에 연연해하지 않던 그녀가 주드의 좌절을 알게 된 순간, 결혼하기로 결심합니다.

보세요. 작가는 두 젊은이의 결혼을 통해 낭만적 사랑과 결혼 신화를 거부해요. 오히려 그 이면의 가혹한 흑인들의 현실을 보여주고 직시하도록 만들어요. 흔히 듣는 이야기 같다고요? 졸업 후 취직이 여의치 않으면 젊은 여성들은, 또 주위에서는, 결혼이나 해버려, 라고 말하지 않나요? 취직하지 못한 자신에 대한 실망과 사회에 대한 불만이 이런 식의 자포자기적 냉소로 나타나지 않나요?

주드와 넬의 결혼에 앞서 왜 주드가 바람직한 일자리를 원하는지, 왜 실패하는지 강조하는 이유가 무엇일까요? 주드는 지금도 남들이 부러워하는 호텔 웨이터라는 일자리를 가지고 있는데요. 작가는 주드의 경우를 통해서 흑인 남성들에게 주어지는 일이 어떤 것인지, 그들에게 거부되는 일의 종류는 무엇인지, 왜 그런지 등을 알려줍니다. 이를 통해 흑인 남성으로 살아가는 것이 어떤 것인지, 그것이 안고 있는 정치·사회적 의미는 무엇인지를 보여줍니다. 우리는 에바의 남편이었던 보이보이를 떠올리게 됩니다. 어린아이 셋과 에바를 속수무책으로 남겨두고 가출했던 그를 통해 엿보았던 흑인 남성의 좌절된 삶을 상기하게 됩니다. 그보다 젊은 세대인 주드의 경우는 상황이 나아졌을까요? 사회적 조건이 변했을까요?

주드는 이 마을에서 모범적인 스무 살 청년입니다. 여성들도 남성들도 그에 대해 호감을 가지고 있어요. 특히 젊은 여성들은 성가대의 그를 보기 위해 교회에 옵니다. 주드는 결혼을 절박하게 생각하지 않고 있었어요. 부모님과 동생 일곱을 부양하는 그에게 호텔 웨이터 일은 그야말로 축복이었지만, 새 가족을 거느리기에는 부족했기 때문이지요. 그가 결혼에 대해 진지하게 생각하게 된 것은 보다 확실한 새 일자리에 대한 전망이 생겼기 때문입니다. 전후 미국 사회가 전무후무한 경제 호황을 누렸던 당시, 풍요와 번영을 향한 욕구로 이 작은 마을도 새 도로를 만들게 됩니다. 강으로 이어지는 새 길이 생기면 다리도 건설되겠지요.

주드는 누구보다 간절하게 도로 건설하는 일을 하고 싶어해요. 돈보다 그 일 자체를 원해요. 남자다운 일, 묵직하고 확실하고 보람된 일을 원합니다. 그가 온몸과 마음으로 얼마나 간절하게 그 일을 원하는지 보세요. 그는 호텔에서 접시 나르는 것보다는 건설 현장에서 무거운 삽을 휘두르고 싶어해요. 얄팍한 낮은 굽의 구두 대신 육중한 작업구두를 신고, 투박한 작업복을 입고, 현장에서 다른 일꾼들과 함께 일하고 웃고 점심 먹고… 그 모든 것을 원했어요. 그런 일에 대한 그의 허기증을 보면서 가슴이 아릿해집니다. 몸의 근육을 사용하여 땅을 파며 보람된 일을 하면서 자신을 확인하고 싶은 것, 살아 있는 인간의 기본 욕구이자 권리가 아닌가요? 주드의 이런 열망을 이해하는 것은 어렵지 않습니다.

그는 근육을 쓰는 일, 사회적으로 보람된 일에 대한 갈증으로 목이 타서 매일 현장으로 일자리를 얻으러 가요. 그러나 번번이 좌절해요. 자격이 없기 때문이 아니에요. 건설 현장에서는 흑인 청년들을 원천 봉쇄합니다. 기운 없는 두어 명의 늙은 흑인들, 팔다리가 허약한 백인들, 그리스인들과 이탈리아 이민들이 일자리를 얻어요. 며칠을 헛되이 줄을 서고 나서야, 내일 다시 오라는 소리를 계속 듣고 나서야, 주드는 사태를 알아차립니다. 그때 그가 느끼는 좌절감을 보세요. 주드의 좌절감과 절망은 분노로 변합니다. 그는 분노하고 또 분노해요. 남성으로서 자존감을 확인할 수 있는 기회를 박탈하는 그 백인들에 대해서요. 주드가 넬과의 결혼을 결심한 것은 이때입니다. 좀 더 봅시다.

묵직한 존재감을 느낄 수 있는 남자다운 일자리에서 거부당하자, 그는 자신의 삶이 허깨비 같다고 느껴요. 그는 보잘것없는 자신의 삶을 보상하기 위해 결혼해서 한 집안의 가장이 되기로 결심합니다. 그렇게 되면 책임 있는 가장으로서 가족을 위해 호텔에서 접시 나르는 일을 감수할 것입니다. 무엇보다 그가 결혼을 결심하는 이유는 세상이 주는 모멸감과 분노를 위로받기 위해서예요. 그는 넬과 힘을 합쳐 하나의 주드를 만들어갈 거예요. 그 대신 넬을 보호하고 사랑할 것이에요.

보세요. 주드에게 넬과의 결혼은 이처럼 허깨비 같은 자신의 삶에 무게를 주는 일입니다. 사회적으로 원천 봉쇄된 남성으로서의 자신감을 회복하는 일입니다. 주드의 결혼을 통해 작가는 미국 사회가 흑인 청년들에게서 어떻게 존엄성을 박탈하는지를 보여주고 있어요. 어떻게 책임 있는 성인 남자가 될 수 있는 기회를 차단하는지를 보여주고 있어요.

그렇다면 결혼에 급급하지 않았던 넬의 경우는 어떻게 설명할 수 있나요? 일자리를 못 얻은 자기와의 결혼을 넬이 받아들이지 않을지도 모른다는 주드의 우려와는 달리, 지금까지 소극적이었던 넬은 그의 상심을 알아채자 기꺼이 결혼하기로 해요. 그를 돕고 위로하기 원해요. 동네에서 욕을 제일 잘하는 청년 에이잭스가 여자들에 대해 하는 말을 보세요. "여자들에게 널 위해 죽어달라고 해. 평생 네 것이 될 테니까." 과연 여자들은 남자를 위해 기꺼이 고통을 감수하고 희생할까요? 왜 그럴까요?

그렇지요. 그것은 누군가에게 필요한 사람이 되고 싶다는 마음에서 온 것이지요. 소위 여성의 보호 본능이라는 것, 그것은 여성이 태어날 때부터 가지고 있나요, 아니면 사회 · 문화적으로 만들어지는 것인가요? 예를 들어 보부아르는 『제2의 성』에서 여성적인 특징으로 간주되는 수동성, 모성 등은 사회 · 문화 · 경제 등 외적 조건에 의해 만들어진다고 했지요.

중요한 것은 넬의 경우에서 보듯이 이 모성적인 요소는 다른 사람으로부터 인정받고 싶다는 욕구와 연결되어 있다는 것이에요. 다른 식으로는 자신의 존재를 인정받는 길이 사회적으로 차단되고 있기 때문에 더욱 그렇지요. 작가의 설명을 들어보세요.

주드가 나타나기 전까지 넬에게 공격적인 성향은 보이지 않았어요. 우리가 봤던 것처럼 넬의 엄마는 엄격하고 철저하게 그녀에게서 분방한 기질을 없애려고 했어요. 또 넬에게는 술라와의 우정이 있어요. 두 소녀는 서로의 기쁨과 고통을 공유했어요. 그래서 주드가 넬에게 나타났을 때에도 술라는 다른 여자애들처럼 질투하거나 다투지 않았어요. 오히려 술라는 넬을 위해 더 기뻐했죠. 그런데 보세요. 주드의 등장으로 넬은 처음으로 온전히 그녀 혼자 관심을 받게 돼요. 누군가가 자기만을 필요로 한다는 것, 이것은 넬에게 그녀만의 존재를 의식하게 만들어요. 그래서 술라와의 우정보다 더 크게 느껴져요. 이런 문장을 보세요. "주드의 관심을 받고서야 넬은 처음으로 자기에게 목이 있다는 것을, 자기의 미소가 작은 기적이라는 것을 알게 되었다…"

그렇군요. 넬은 주드의 눈을 통해 처음으로 자신을 발견하고 있어요. 오로지 주드가 자기만을 바라보고 자기를 인정해주니까 그 눈으로 자신을 발견해요. 어디서 많이 듣던 소리지요? 내가 그의 이름을 불러주니… 그는 내게 와서 꽃이 되었다… 보세요. 우리의 존재가 남의 시선에 의존하고 있는 것이지요.

일자리를 거부당한 주드가 자신의 위로를 필요로 한다는 것을 안 순간, 넬에게는 존재 이유가 생긴 것이지요. 넬은 주드에게 반드시 필요한 사람이 된 것이지요. 그래요. 주드와 결혼하기로 결심하는 넬의 모습은 인습적인 여성의 모습이기도 해요. 남성의 관심을 통해, 그와의 결혼을 통해 자신을 확인한다는 의미에서 그래요. '그들은 자신들이 백인도 남성도 아니기 때문에 자유와 승리가 금지되어 있다는 것을 깨달았다.' 이 내용이 생각나는군요. 바로 그런 이유로 더욱더 넬은 주드의 시선에 의해 자신의 존재를 확인하게 되는 것이지요.

이런 질문을 하게 됩니다. 어느 날 주드가 더 이상 그녀를 바라보지 않게 된다면? 어느 날 주드가 가출해버린다면? 그래요. 우리의 존재를 남의 시선에 맡기는 것은 대단히 위험한 일입니다.

넬이 엄마와 남부 여행에서 돌아온 날 밤이 생각나는군요. 그날 밤 넬은 오랫동안 거울 속의 자기 얼굴을 들여다보았지요. 나는 나야, 그들의 딸이 아니야, 최초의 자아 각성을 하며 이렇게 다짐하던 그 소녀는 어디로 갔나요? 그 소녀는 앞으로 어떻게 될까요? 주드와의 결혼으로 인습적인 삶 속으로 흡수되고 말까요? 어떤 형태로든 잠복해 있을까요? 이 질문을 기억합시다.

소설의 1부는 이렇게 끝이 납니다. 지금까지 작가는 본격적으로 술라의 삶을 보여주기 전에 술라가 속한 시대, 장소, 가족, 공동체 등을 부각시켰습니다. 술라의 실험적이고 독자적인 삶 역시 같은 맥락으로 전개될 것입니다.

제7강 _ *1937*

2부는 다섯 장으로 되어 있습니다. 술라의 귀향, 술라의 실험적인 삶, 술라의 죽음, 마을 터널의 붕괴. 그리고 20여 년 뒤 에바와 넬의 만남. 작가는 술라를 전면에 등장시킨 뒤 이 과정을 밀도 있고 긴박한 문장으로 전개합니다. 각 장마다 웬만한 소설 한 권 분량의 줄거리와 주제들이 압축되어 있고요. 고도의 집중력이 필요합니다.

2부의 첫 번째 장을 봅시다. 10년 만에 술라가 돌아왔고 에바를 양로원에 보냅니다. 술라와 넬의 우정이 새로워집니다. 넬의 남편 주드가 가출하고 넬의 인습적인 삶의 실체가 드러납니다.

먼저 술라의 귀향이 재앙에 대한 암시로 시작되는 것에 주목합시다. 갑자기 온 마을은 새떼의 습격을 받습니다. 새똥이 천지에 쌓여 있고 죽은 새떼가 널려 있습니다. 작가는 이 불길한 자연의 재앙을 대하는 마을 사람들의 태도를 설명합니다. 그들의 태도가 선과 악, 삶과 죽음에 대한 태도와 연결된다고 말하지요. 보세요.

마을 사람들은 별 것 아닌 듯한 자연 현상이 자신들의 삶에 충격을 줄 사건이 일어날 징조라는 것을 알고 있어요. 그들은 재앙을 두려워하고 조심하지만, 그러나 일이 터지면 순응합니다. 불길한 일은 일단 생기면 끝까지 간다는 것을 알기 때문이지요. 그래서 이를 막으려 하지도 않고 개입하지도 않아요. 재앙에 대한 이런 태도는 그들의 선과 악에 대한 이해에서 비롯됩니다. 이 세상에는 선하고 착한 것만이 존재할 이유가 있는 것이 아니라 악한 것들의 역할도 있다는 것이지요. 그들은 악의 적법성도 인정합니다. 봄이 오는 것만큼 가뭄이나 홍수도 '자연스럽다'는 것을 믿어요. 그러면서 재난 앞에 무너지지 않고 이겨내는 것이지요. 그들이 견뎌내는 재난 중에는 자연재해뿐만 아니라 백인들로 인한 재난도 있습니다.

이 마을 사람들은 그래서 자신들의 불운에 절망하지 않아요. 죄인을 돌로 치지도 않고, 고통 때문에 자살하지도 않아요. 그들의 고난의 역사가 그런 차원을 초월하도록 단련시키는 것이지요.

작가는 술라가 마을로 돌아온 이 시점에 왜 이런 얘기를 할까요? 앞으로 술라의 출현이 마을에 몰고 올 충격, 이에 대한 사람들의 태도를 미리 말해주는 것이지요. 그들이 믿는 악의 적법성, 이것을 기억합시다. 마을은 곧 술라를 그들 속의 악으로 낙인찍을 것입니다.

10년 만에 귀향하는 술라를 보세요. 그녀는 버스에서 내려 새똥으로 뒤덮인 언덕길로 올라갑니다. 검은 바탕에 노란색, 분홍색 무늬가 섞인 원피스를 입고, 검은 모자를 쓰고, 작은 여행용 가방을 들었습니다. 술라는 에바의 집 입구에서 새들의 시체를 발로 치우고 안으로 들어갑니다. 그래요. 섬뜩해집니다. 그동안 술라는 연락을 끊었었군요. 이어지는 에바와 술라의 대화는 살벌합니다. 서로에게 위협적입니다. 우리의 상식을 뒤집어요. 술라의 목소리를 듣고, 그녀의 생각을 알게 되는 것은 이때가 거의 처음이지요. 본격적으로 술라의 삶이 전개될 것임을 말해주는 거지요.

에바와 술라의 대화를 들으면서 알게 됩니다. 자식들과 살아남기 위해 자신의 다리까지 절단해야 했던 에바이지만 여자의 삶에 관해서는 인습적이군요. 술라는 이에 정면도전합니다.

■ ■ ■ "너… 결혼은 언제 할 거냐? 아이를 낳아야 정착을 하지."

"아이 만드는 거, 관심 없어요. 나 자신을 만드는 일에만 관심 있어요."

(…)

"너, 말조심해. 하나님이 내려칠 거다."

"어떤 하나님요? 플럼을 불에 태운 할머니를 지켜본 그 하나님요?"

"불태우는 것에 대해서는 너도 할 말 없지. 넌 네 엄마가 불타는 걸 보고만 있었어. 너야말로 타 죽었어야 했는데."

(…)

"할머니는 매달 23달러에 할머니 인생을 팔았어요."

"넌 네 인생을 낭비했어."

"낭비한 건 내 인생이에요."

"언젠간 그게 필요할 거다."

"필요하더라도 할머니는 아니죠. 그리고 있잖아요, 어느 날 밤 할머니가 파리를 쫓고 침을 흘리며 휠체어에서 졸고 있을 때, 내가 석유를 들고 살그머니 들어올지도 몰라요. 누가 알아요? 할머니가 최고로 환한 불꽃을 만들어낼지…" (92–94)

그날부터 에바는 문을 잠그게 됩니다. 그러나 소용없어요. 어느 날 갑자기 두 남자가 들것을 가져와 에바를 묶은 뒤 양로원으로 데리고 갑니다. 에바가 머리를 빗을 시간도 없었지요. 에바를 양로원으로 보낸 술라의 행동은 대가족 중심의 흑인 공동체에게 충격적인 것이지요. 인륜을 저버리는 짓이에요. 그곳은 오갈 데 없는 중증 치매에 걸린 백인 노인들이 주로 있는 곳이에요. 이렇게 에바를 퇴장시키며 작가는 술라를 가족관계의 끈에서 해방시키는군요.

새삼 우리는 묻게 됩니다. 그런데 술라는 누구지? 우리가 술라에 대해 알고 있는 것은 무엇이지? 우리는 술라의 할머니 에바, 엄마 한나 등 가족들 이야기만 기억하고 있어요. 아, 술라의 모반, 눈꺼풀에 장미모양 반점은 이야기했었지요. 무엇보다 그동안 술라는 어디서 무엇을 했는지요?

넬과의 대화를 통해 조금씩 알게 됩니다. 술라는 플럼의 전쟁보험금으로 대학을 다녔군요. 그 후에는 여러 도시를 거쳤지만 어느 곳이든 지루하고 질식할 것 같았군요. 크기만 다를 뿐 이곳 메달리온과 같다고 하는군요. 그러나 이런 식으로 술라가 누구인지 말하는 것은 수박 겉핥기지요. 물론 작가의 방식은 따로 있어요. 작가는 술라가 돌아온 뒤의 넬의 변화를 통해서 술라가 어떤 인물인지를 보여줍니다. 가령, 시무룩하던 아이가 엄마가 집에 오니까 생기가 납니다. 엄마는 어떤 사람일까요?

술라의 등장으로 넬의 일상에 어떤 변화가 오는지 보세요. 지난 10년 동안 주드와 결혼한 넬은 아이 셋을 두었군요. 주드는 여전히 호텔 웨이터로 일하는군요. 그래요. 무난하게 살아온 듯해요. 그러나 그 무난해 보이는 삶에 실은 먼지가 잔뜩 앉은 듯해요. 왜냐하면 술라가 나타나자, 넬은 눈의 수정체에 끼었던 혼탁한 것이 제거된 것처럼 느끼거든요. 무뎌진 감성이 깨어나는 것 같아요. 궁금해지네요. 지난 10년 동안 청소하고 밥하고 남편과 아이들과 열심히 살았는데, 왜 눈에 뿌연 먼지가 낀 것 같았을까요? 그래요. 술라의 등장으로 넬의 인습적인 삶이 드러나는 것이지요. 좀 더 볼까요?

"친구가 집에 돌아왔다." 이 간단한 문장이 넬의 감격을 말해주네요. 넬에게는 모든 것이 새롭게 빛나고 모든 것이 여유 있게 보이기 시작해요. 생기와 유머와 웃음이 되살아납니다. 이런 장면들을 보세요. 넬은 다림질할 옷에 물을 뿌리고 술라는 옆에 앉아서 어릴 적 친구들 이야기를 합니다. 그러다가 둘은 갑자기 배를 잡고 웃어대요. 여러분도 그런 적 있습니까? 아무것도 아닌데 너무 우스워서 버스 타고 가다가 뛰어내려 실컷 웃고 난 뒤 다시 탄 경험. 하여간에 술라와 넬은 함께 허리를 잡고 웃어요. 넬의 높은 소프라노 웃음, 술라의 나지막한 웃음에 고양이가 놀라고 뒤뜰에서 놀던 아이들이 뛰어와요. 세면실에서 눈물도 씻고 얼굴도 씻고 나오면서 넬은 부드럽고 새로운 감정을 느꼈다, 라고 묘사되어 있어요. 이렇게 갈비뼈가 울릴 정도로 마음 놓고 웃어본 적이 언제인가. 지난 몇 년간 기껏해야 소리 죽여 웃거나 미소만 지었을 뿐이었다… 이런 내용도 눈에 띄는군요.

왜 소리 내어 맘껏, 눈물이 나도록 웃는 법을 잊어버렸나요? 그것이 인습적 일상의 속성이기도 하지요. 인습에 순응한다는 것은, 우리 속의 열정과 상상력, 활력을 억제하는 과정이기도 하지요. 규범, 일상, 길들이기, 소위 말하는 문명의 억압 기제들을 생각나게 하는군요. 넬의 엄마가 자신의 출신에 대한 두려움으로 넬 속에 있을지 모를 분방한 요인들을 철저하게 통제했던 것을 우리는 기억합니다. 하여간에 이처럼 술라의 등장은 넬 속에 억제되었던 감성과 생명력을 일깨워주는군요. 그래요. 넬에게 눈부신 날들이 시작됩니다.

무엇보다 술라의 등장으로 넬은 있는 그대로의 자신을 소중하고 특별한 존재로 받아들이게 됩니다. 보세요. 술라와 함께 있으면 넬은 평소에 자신의 단점이라고 여겨졌던 부분이 자기만의 개성이 되는 것을 느껴요. 또 있어요. 술라와 함께 있으면 설거지통에 그릇들이 쌓여 있어도 부끄럽지 않아요. 커튼이 찢어져도 소파 위에 머리빗이 놓여 있어도 신경 쓰이지 않아요. 아이들이 사방에 뭘 흘리고 다녀도 넬은 회초리를 드는 대신 미소를 짓게 돼요.

왜 그럴까요? 그렇지요. 술라는 넬을, 그리고 사물을 다른 눈으로 보기 때문이지요. 넬을 상투적인 잣대로 보지 않기 때문이지요. 술라의 눈은 기존의 가치와 방식을 뒤집어서 봐요.

우리는 곧 알게 됩니다. 넬의 남편 주드가 등장하고 그를 통해 백인 사회에서 겪는 흑인의 고통을 다시 듣게 될 때, 이에 대한 술라의 반응을 보세요. 그녀의 생각하는 방식을 보세요.

우리, 기억하지요? 주드가 흑인이라는 이유로 도로 건설 일을 얻지 못하고, 좌절과 분노 속에서 넬과 결혼하게 되었지요. 그는 여전히 변하지 않은 것 같아요. 퇴근해서 들어오자마자 그와 넬이 나누는 대화예요. "여보, 오늘 어땠어요?" "백인 세상에서 흑인에게 무슨 좋은 일이 생기겠어." 주드의 이 말에 넬이 즉시 반응하는군요. "어머, 무슨 일이 있었는데요?"

그들의 결혼 생활에서 늘 이런 식의 대화가 있었겠지요. 일을 끝내고 돌아온 주드는 그날 있었던 언짢았던 일들에 대해 쏟아내요. 넬의 위로와 동정을 기대했고 넬은 늘 그 역할을 했지요. 그래요. 힘든 일상에서 그런 위로는 필요하지요. 그래야 다음날 일하러 갈 수 있지요. 흑인의 경우뿐만 아니라, 집과 일터, 아내와 남편의 역할을 분리하는 산업 사회의 모습이기도 해요.

보세요. "백인 세상에서 흑인에게 무슨 좋은 일이 생기겠어." 주드의 불평에 넬이 막 위로하려는데 술라가 이를 막고 나섭니다. 술라의 관점을, 그녀가 어떻게 사물을 다르게 보는지를 보세요. "뭘 그래요? 내 보기에는 아주 괜찮은 삶인데."

주드의 반응은 어땠을까요? 습관대로 위로를 기대했던 그는 순간 발끈하며 술라를 흘겨보는군요. 주드의 눈에 비친 술라. 눈꺼풀 위에 거무스름한 반점이 있고, 못생기지도 예쁘지도 않아요. 무엇보다 그 나이가 되도록 남자를 못 만나 떠돌아다니고 있어요. 이 순간 주드의 시선은 여자가 예쁜지, 결혼을 했는지로 평가하는, 전형적인 가부장적 시선이지요.

이어지는 술라의 말을 들어보세요. 그녀의 시각이 어떻게 도전적인지 보세요. 술라의 이 말을 들은 뒤 그녀에 대한 주드의 생각이 어떻게 달라지는지 보세요. 술라는 백인들에게 수모를 겪는 흑인 남자들의 현실을 나열해요. 그런 뒤에 그 모든 것은 백인들이 흑인 남자들을 너무 존경하고 사랑하기 때문이라고 해요. 들어보세요.

■ ■ ■ "왜 그리 불평하는지 모르겠네요. 내 말인즉, 세상의 모든 것이 당신을 사랑하고 있어요. 백인 남자들은 당신을 사랑해요. 그들은 당신의 성기에 대해 너무 걱정하느라 자기들 것은 잊어버려요. 그들이 원하는 것이란 오로지 검둥이의 성기를 잘라버리는 것이에요. 그게 사랑과 존경이 아니면 뭐겠어요? 그리고 백인 여자들요? 그들은 지구의 구석구석까지 당신을 추적하고 침대 밑에도 당신이 숨었는지 더듬어요. 난 알아요. 백인 여자들은 저녁 6시 이후로는 집을 나서지 않아요. 흑인 남자가 자기를 낚아채갈까 봐 무서워서요. 그것도 사랑 아닌가요?" (103)

술라가 나열하는 것들에는 흑인에 대한 백인들의 두려움과 강박이 반영되어 있어요. 흑인 남자에 대한 백인들의 공포는 그들의 죄의식의 투사지요. 이런 흑인들의 현실을 술라는 지금 역전시켜버려요. 이 모든 것은 그들이 흑인 남성들을 너무나 사랑하고 존경하기 때문이다. 세상에 이보다 더 좋은 일이 어디 있느냐.

술라의 말이 냉소와 조롱이라는 것을 그들 세 사람은 물론 다 알아요. 중요한 것은, 그럼에도 불구하고 그녀의 말에 그들은 통쾌해져요. 힘을 얻어요. 아니, 난 당하기만 하는 피해자인 줄 알았는데, 그게 모두 날 사랑하기 때문이라는 거야? 술라와 주드와 넬은 유쾌하게 웃어요. 주드의 말을 들어보세요. "날 감옥에 가두는 게, 날 사랑하기 때문이라고? 아이구 제발 내버려뒀으면 좋겠구만." 그러면서 그는 술라를 보며 다시 생각해요. '재미있는 여자야. 그렇게 못생기지도 않았어.'

그러면서 술라가 결혼을 못 하는 것은, 그녀가 남자의 몸 대신 남자의 마음을 흥분시키기 때문이라고 생각합니다. 재미있지요? 결혼 안 한 여자는 머리가 좋고, 결혼한 여자는 머리가 나쁘다, 이 또한 상투적인 시각이지요.

이처럼 술라의 사고방식은 기존 관념을 뒤집어요. 기존 가치를 조롱하면서 흑인들을 노예 또는 피해자 역할에서 해방시켜요. 그녀가 몰고 올 회오리바람을 예감하게 합니다. 이는 곧바로 주드의 가출로 나타납니다.

왜 그는 가출했나요? 넬의 입장에서 보면, 당연히 술라 때문입니다. 여러분, 모두 읽으셨지요? 넬은 술라와 주드가 함께 벌거벗고 있는 것을 발견합니다. 그런 뒤 주드는 가출해요. 여기서 잠깐 생각해봅시다. 앞에서 우리는 넬과 주드의 관계를 보았어요. 주드는 언제나 불평하고 넬은 언제나 위로하고. 이런 습관이 굳어지면 두 사람의 관계에 어떤 일이 일어날까요?

늘 칭얼거리면서 위로에 익숙해진 사람은 계속 위로를 받기 위해서라도 불평거리가 있어야겠지요. 그는 늘 피해자가 되고, 자기 연민에 징징거리는 유아처럼 되지요. 한 사람은 늘 징징거리고 한 사람은 늘 위로하고. 역설적이게도 징징거리며 위로받는 사람은 어느 순간 그런 자신이 역겹지 않을까요? 아내만 보면 저절로 징징거리게 되는 남편, 그는 자신과 아내가, 그녀와의 삶이, 전부 혐오스럽지 않을까요? 그렇다면 주드의 가출은 술라의 등장으로 잠재되었던 자신의 삶에 대한 역겨움과 피로감이 표출된 것이 아닐까요?

또는 이런 생각도 해봅니다. 허물어지기 직전의 판잣집이 있어요. 바람이 쌩 불었어요. 판잣집은 주저앉아요. 누구 탓입니까? 사과 꼭지가 겨우 나뭇가지에 매달려 있는데 참새 한 마리가 휙 날아갔어요. 사과가 뚝 떨어졌어요. 누구 탓입니까? 분명한 것은 이미 낡은 판잣집은 무너지게 되어 있었고, 사과도 곧 떨어지게 되어 있었지요. 넬과 주드의 결혼 생활, 넬과 주드의 관계가 본질적으로 취약했다는 소리 아닐까요?

작가는 주드의 가출에 대해 일체의 설명을 하지 않습니다. 단지 주드를 중심으로 살았던 넬의 삶이 그의 가출로 한순간에 붕괴되는 모습을 보여주지요. 이래서 술라의 등장으로 우리가 직면하는 것은 넬이 대변하는 인습적인 삶의 실체입니다. 그동안 넬은 인습에 순응함으로써 그 대가로 보호 장치를 제공받았어요. 남편, 자식, 무엇보다 공동체의 승인. 그래서 그녀는 인습의 규칙을 따르며 살았어요. 그러면서 자기 삶에 대한 혼자만의 고민과 도전에서 면제되었지요. 제외되었지요. 그러나 보세요. 이러한 인습의 보호 장치들도 주드의 가출을 막지 못했어요. 넬은 공황 상태에 빠집니다. 주드의 가출을 받아들일 수 없어요.

그 이유를 보세요. 주드가 넬을 누구보다 잘 알고 있기 때문이지요. 두 사람은 지금까지 모든 일상을 공유했기 때문이지요. 두 사람을 지탱해준 그들의 일상, 세 아이, 주드의 월급, 주드의 불평, 넬의 위로, 이런 생활의 그물, 거미줄이었어요. 그런 뜻에서 일상은 위대합니다. 그러나 넬이 믿어왔던 것처럼 그들의 일상이 반석이었을까요? 처음부터 허술했던 것은 아니었을까요? 하지만 넬에게는 이렇게 생각할 여지도 능력도 없어 보입니다.

자기 성찰의 부재. 이것이 십 년 동안의 결혼 생활이 그녀에게 남겨준 것이에요. 넬은 주드의 가출 책임을 술라에게 돌립니다. 자신을 술라와 남편에게 배신당한 피해자로 봅니다. 이렇게 생각하는 한, 넬이 사태에 대해 근본적인 반성을 하기는 어렵습니다. 계속합시다.

주드의 가출은 간단하게 처리된 반면, 넬의 총체적인 혼돈 상태는 길고 고통스럽게 묘사됩니다. 주드의 부재를 알리는 똑딱거리는 시계 소리에 매달리기. 좁은 욕실 바닥에 자신을 가둔 채 무슨 일이라도 일어나기를 기다리기. 밤이면 아이들 침대 속으로 웅크리고 들어가기. 그렇군요. 주드가 떠나자 도처에 공허가 입을 벌리고 있군요.

이런 넬의 모습을 보면서 우리는 다시 묻게 됩니다. 난 나야. 난 멋진 사람이 되고 싶어. 여행에서 돌아와 거울 속의 자신을 응시하며 다짐했던 그 어린 넬은 어떻게 되었나요? 주드의 아내로 살아오는 동안 그 야무진 다짐을 하던 여자아이는 어디로 가버렸나요? 주드가 사라진 지금, 버려졌던 그 여자아이는 새롭게 나타날 수 있을까요?

회색의 작은 먼지공이 이때부터 넬의 주변을 맴돌기 시작하는 것에 주목하세요. 그동안 버려졌던 넬 자신의 삶의 실체가 이렇게 나타나는 것이지요. 회색의 더럽고 소리 없는 악의에 찬 작은 공. 머리카락과 지푸라기들과 먼지와 흙과 썩은 잎사귀들이 뒤엉킨 공. 그 작은 공은 왜 악의에 찼을까요? 누구에 대한 악의일까요? 넬은 스스로 원해서 마을의 선망 속에서 주드와 결혼하고 아이 셋을 키우며 잘살아왔다고 믿었는데 말이지요. 다시 묻게 되는군요. 술라와 함께 세상을 영롱하게 바라보던 그 넬에게는 무슨 일이 일어났던 것일까요?

넬은 오랫동안 방치되었던 자신의 모습을 대면할 수 있을까요? 물론 그렇지 않아요. 넬은 자신을 마주볼 수 없어요. 무엇보다 끔찍한 것은 그 더럽고 불길한 먼지공이 사라지지 않는다는 거예요. 늘 그녀의 주위를 떠도는 거예요. 사라지지도 않고 무시해버릴 수도 없는 회색의 먼지공. 그동안 방치했던 자신의 모습이 그렇게 계속 넬을 따라다니는군요.

자신과 대면할 수 없는 넬의 상태는 큰 소리로 울지도 못하는 증세로 나타납니다. 넬은 절규하며 울부짖고 싶지만, 그럴 때마다 자기 속의 응어리 같은 것이 움찔할 뿐, 통곡은 터져 나오지 못해요. 억제되고 무기력해진 넬의 상태를 보여주는 것이지요. 술라와 함께 눈물이 나도록 박장대소하던 넬이 생각나네요.

작가는 지금까지 무엇을 말하고 있나요? 주드의 가출로 무너지는 넬을 통해서 인습적 가치와 질서에 근거한 삶도 취약하기 짝이 없다는 것을 보여주지 않습니까? 규범에 순응하며 집단의 인정을 받았던 그 삶도 순식간에 부서질 수 있습니다. 삶의 돌발성이지요. 이 장을 끝냅시다. 이야기가 숨차게 진전되지요? 술라가 어떻게 사는지 궁금합니다.

제8강 _ *1939*

이 장은 특히 우리의 긴장과 집중력을 요구합니다. 술라의 삶을 보여주는 사건들이 일어나고 끝나지요. 먼저 술라의 눈을 빌려 인습적인 삶의 실체와 만납니다. 거미줄에 매달린 거미에 비유되는 마을 여자들의 삶, 그런 삶에 대비되는 술라의 삶이 묘사돼요.

그런 뒤 술라와 에이잭스를 통한 대안적 관계가 모색됩니다. 그것의 가능성과 실패를 통해 작가는 새로운 관계에 대한 우리의 깊은 성찰을 요구하지요. 소설의 정점을 이루는 이 장에는 핵심적인 주제들이 압축되어 전개됩니다. 여러분, 정독하면서 깊게 생각하고 질문들을 찾게 되기 바랍니다.

먼저 마을에서의 술라의 위치에 대해 살펴봅시다. 10년 만에 불길한 새떼와 함께 돌아온 술라, 예상했던 대로 그녀의 행동은 마을 사람들을 경악시킵니다. 에바를 양로원으로 내쫓더니 제일 친한 친구 넬의 남편을 건드려 그를 가출하게 만들지요. 마을 남자들을 원하는 대로 취하고 버려서 그 아내들을 격분하게 만듭니다. 그러나 보세요. 술라는 의도적으로 원한에 차서 규범에 저항하는 인물로 그려지지 않아요. 그녀는 가부장 질서에 도전하는 성난 여성이 아니에요. 규범이니 예의범절이니 하는 것에 개의치 않을 뿐입니다.

문제는 바로 그런 태도가 공동체의 질서를 더 위협하고 조롱한다는 것이지요. 사람들을 분노하게 만든다는 것이지요. 마을은 공동 대처에 나섭니다. 술라를 악의 화신으로 규정합니다. 이는 자기만의 방식으로 행동함으로써 집단 질서를 교란시키는 자들에게 내리는 형벌이지요.

술라를 마녀로 낙인찍는 것에 결정적인 역할을 한 것은 남자들입니다. 물론 여자들도 술라를 용납할 수 없어요. 자신들의 남편들을 한 번씩 건드리고 팽개치는 그녀의 행동은 그들의 자존심에 심한 상처를 입히지요. 그러나 돌이킬 수 없는 타격을 주는 것은 남자들이에요.

자신의 감정에 따라 남자들을 취하고 버리는 술라의 태도는 수동적인 여성, 능동적인 남성이라는 기존의 성 질서를 교란시키고 남자들의 자존감을 모독하는 것입니다. 그들은 악의에 차서 술라에 대해 치명적인 소문을 퍼뜨립니다. 술라가 백인 남자와 잤다는 것이지요. 많이 듣던 소리입니다. 순결 이데올로기가 지배하는 사회에서 여성의 순결에 부정적인 소문은 사실 여부와 상관없이 돌이킬 수 없지요. 술라에 관한 이런 소문이 결정적인 것이 되는 배경에는 물론 인종 간의 뿌리 깊은 갈등과 차별이 있습니다.

무엇보다 흑백 통합에 대한 흑인들의 혐오와 증오는 백인들 못지않게 절대적이에요. 흑인 가정에 엄연히 혼혈이 존재해도, 흑인 남자들이 백인 여자와 자고 싶어하면서도, 이 소문만큼 술라에 대한 마을의 혐오감과 증오를 완벽하게 만드는 것은 없어요. 흑인 남성들의 가부장적 잔인성은 백인 남성과 다를 바 없어요. 그런 의미에서 남자들은 스스로 제도를 만들면서 동시에 그 제도에 희생되기도 합니다. 작가는 이를 신랄하게 지적해요. 미국의 흑백 문제는 언제 터질지 모르는 걸어 다니는 폭탄인 듯해요.

흥미로운 것은 마을이 술라를 악의 존재로 인정하자, 그들 사이에 나쁜 일들이 일어나기 시작한다는 것이에요. 우연히 술라 집 층계에서 다섯 살짜리 소년이 넘어진 것도, 십수 년을 닭고기 뼈를 빨던 남자가 술라를 보다가 뼈가 목에 걸려 죽은 것도, 모두 술라의 눈에 난 모반 탓으로 돌리는 것이지요. 악에 대한 그들의 확신이 실제로 불운을 불러오는 것처럼 보여요.

여기서 잠깐 생각해봅시다. 악의 적법성. 우리 삶에서 선과 마찬가지로 악의 존재 또한 역할이 있다는 뜻이지요. 악으로 규정되는 집단, 마녀, 범법자, 소수자, 망명객과 같은 변두리 인물들의 사회적 역할은 무엇일까요? 그들의 존재는 인간의 삶이 결코 획일화될 수 없다는 것을 보여주지 않나요? 모든 사람이 동일한 코드로 살 수 없다는 것을 보여주지 않나요? 가령, 병역을 거부하는 대신 감옥을 택하는 젊은이들이 있어요. 무모한 전쟁에 반대하는 것이지요.

그러나 무엇보다 악으로 규정된 변방인들은 주류 집단의 결속을 다지는 역할을 해요. 빨갱이로 몰리지 않기 위해 극우보수주의자가 뭉치는 것처럼 말이지요. 이래서 술라를 악으로 규정한 사람들은 자신들이 악의 편이 아니라는 것을 증명하기 위해 다 같이 좋은 사람들이 되는군요. 여자들은 돌연 착하고 사랑스러운 엄마와 아내와 며느리가 됩니다. 악의 적법성에 대해, 악의 역할에 대해, 조금 이해가 되는 듯합니다. 마을 사람들이 술라를 악녀로 낙인찍을 뿐, 쫓아내지도 돌을 던지지도 않는 이유도 알 듯합니다.

그렇다면 술라를 악으로 간주하는 마을 사람들의 삶은 어떤 것인가요? 그들의 삶을 술라의 눈을 빌려 작가가 어떻게 묘사하고 있는지 봅시다.

거미줄에 매달린 거미. 작가는 마을 사람들을 인습의 거미줄에 매달려 전전긍긍하는 모습으로 그려요. 그들은 거미줄에 걸려들 먹이를 놓치지 않으려고, 자신들의 코발트색 등도, 내려쬐는 달빛도 보지 못해요. 거미줄에 매달린 거미가 제일 두려워하는 것은 무엇인가요? 그건 거미줄 밑에 도사리고 있는 독사의 숨결이 아니에요. 다시 말해 남편의 가출, 질병, 죽음, 불화 등과 같은 예기치 못한 불행이 아니에요. 그런 불운이 닥치면 그들은 고스란히 당해요. 선택의 여지가 없는 희생물이 돼요. 주드가 가출해버리자 넬이 버림받은 아내가 되는 것처럼 말이지요.

인습에 옴짝달싹못하면서 푸른 하늘도 달빛도 잊고 사는 삶. 그러나 넬의 경우처럼 인습에 순응한다 해도 보장되는 것은 없어요. 언제 독사의 숨결이 덮칠지 몰라요. 삶은 예기치 않은 위험에 늘 노출되어 있으니까요.

주목합시다. 그렇다면 그들이 제일 두려워하는 것은 무엇인가요? 자유낙하, 인습의 거미줄에서 자기가 선택하여 뛰어내리기, 그것을 제일 두려워합니다. 거미줄에서 자발적으로 뛰어내리는 것은 앉아서 희생자가 되는 것과는 다르지요. 용기와 창의성이 필요해요. 잘 뛰어내리기 위해서는 날개를 펼치고 두 다리를 제대로 가눠야 해요. 그래야 떨어져도 살아남아요.

그러나 사람들은 이것을 원하지 않아요. 살아 있는 것, 그건 너무 위험해요. 거미줄에 매달린 여성들에 대한 묘사는 계속

됩니다. 한때는 달과 별을 바라보던 눈들이 이제는 자질구레한 걱정들로 오그라들었어요. 그들의 정신이 쪼그라들수록 그들의 엉덩이는 넓적해져요. 다른 사람들의 근심으로 채워져요. 결혼한 여자들에게서 나는 들큰한 솥뚜껑 냄새, 혼자 사는 여자들의 공허하고 짜증어린 눈들. 그렇지요. 마을에서는, 가치와 생각과 행동이 획일화된 곳에서는, 결혼 여부에 상관없이 삶은 공허하고 암담합니다. 술라는 넬이 그런 여자들 중의 한 명이 된 것을 보고 놀라고 슬퍼합니다.

인습적인 삶의 이런 특징은 이곳 메달리온에만 국한되지 않습니다. 작가는 술라의 경험을 빌려 미국 전체가 거대한 획일화된 공간임을 보여줍니다. 보세요. 어느 도시를 가던 술라가 부딪히는 것은 권태입니다. 내슈빌, 디트로이트, 뉴올리언스, 뉴욕, 필라델피아, 메이컨, 그리고 샌디에이고. 작가는 이렇게 도시 이름을 하나하나 길게 나열합니다. 무엇을 말하려는 걸까요? 그렇지요. 어디를 가건, 이름이 무엇이건, 동부나 서부나 남부나 똑같다는 소리지요. 대도시건 중소 도시건 차이가 없다는 소리지요. "이 모든 도시에서 똑같은 사람들이 똑같은 말을 하고 똑같은 땀을 흘리고 있었다." 섬뜩한 표현입니다. 이런 똑같은 도시에서 술라도 똑같은 경험들을 합니다.

그녀를 이 도시에서 저 도시로 데리고 다닌 남자들. 똑같은 사랑의 언어, 똑같은 사랑의 유희, 똑같은 사랑의 시듦. 그들은 별개의 개인이 아니라 커다란 하나의 인물로 녹아버립니다. 그들이 그녀에게 가르쳐준 것은 똑같은 사랑의 기교뿐이고, 그들이 그녀와 나눈 것은 근심뿐이며, 그녀에게 준 것은 돈뿐이에요. 그들과는 어떤 교감도 가능하지 않았어요. 술라가 그들에게 자기 내면의 이야기를 하려고 하면 그들은 눈을 돌렸어요. 술라는 오래지 않아 여성에게 애인은 동지가 될 수 없다는 것을 깨달아요. 무엇보다 자기가 간절히 찾는, 자기와 똑같은 사람은 결코 만날 수 없다는 것을 확인해요.

그렇다면 술라의 삶은 어떤 것인가요? 작가는 술라의 삶을 실험적이라고 말해요. 무슨 뜻인가요? 상당히 길게 이어지는 술라에 관한 분석을 정독하시기 바랍니다. 먼저 술라는 규범이나 인습에 개의치 않아요. 다른 사람의 시선이나 평판에도 상관 안 해요. 그녀의 관심은 오직 자신만의 생각과 감정을 탐색하는 것이에요. 따라서 그녀의 행동은 오직 자신만을 위한 것이에요. 그녀는 자신이 기쁘지 않은 한 누구도 기쁘게 할 마음이 없어요. 남에게 쾌락을 또는 고통을 주는 만큼 자기도 쾌락과 고통을 느끼고자 했어요. 다시 말해 자신이 주체가 되고자 했어요. 극도로 이기적이라고요? 자기중심적이라고요? 그렇다면 술라의 이런 태도는 어디서부터 생긴 것일까요?

작가는 여기서 두 개의 사건을 되살리는군요. 하나는 술라의 엄마가 자기 친구들에게 무심코 했던 말이죠. 난 술라를 사랑하지만 그 애를 좋아하지는 않아. 그 말을 엿듣게 된 술라는 눈이 쑤시는 고통을 느끼며 넬과 함께 강가로 달려갔었지요.

다른 하나는 바로 그날 강가에서 어린 소년이 술라의 손에서 벗어나 물속으로 빠져버린 일입니다. 같은 날 일어난 이 두 사건은 사춘기 소녀 술라에게 어떤 영향을 주었나요? 이어지는 작가의 설명을 보세요.

첫 번째 사건은 술라에게 자기 외에는 의지할 사람이 아무도 없다는 것을 가르쳐주었어요. 두 번째 사건은 술라에게 의지할 자아가 그녀 내부에도 없다는 것을 가르쳐주었어요. 두 사건으로 인해 술라에게는 의지하고 의논할 대상이 밖에도 안에도 없게 됩니다. 상상할 수 있으세요? 우리는 부모, 선생님, 교회 등 외부의 권위에 의해 통제되고 교육되지요. 자라면서 이 외부의 권위를 우리 속에 내재화시키면서 자아를 형성하게 됩니다. 그런데 술라는 이 두 사건으로 인해, 아무것도 누구도 의지하고 믿을 수 없게 되었다고 묘사됩니다. 이 두 사건은 술라 자신의 의지와는 상관없이 일어났으니까요.

이래서 술라에게는 중심되는 자아도 없고, 신경을 쓸 외부 존재도 없어진 것이지요. 안팎으로 그녀에게는 권위라는 존재가 없어졌어요. 그것이 술라를 어떻게 만들었나요? 이어지는 설명에 주목합시다. 술라에게는 어떤 야심도 없어요. 돈이나 재산이나 물건에 대한 애착도 없어요. 타인의 관심이나 칭찬을 받고자 하는 욕망도 없어요. 그래서 그녀는 자신을 증명할 필요를 느끼지 않아요. 자신의 일관성을 지킬 이유가 없어요. 이런 설명, 어떻게 생각합니까? 이해됩니까?

이런 의문이 생기는군요. 그렇다면 인간 욕망의 근거는 자아인가. 그 자아를 만족시키기 위해 남의 칭찬과 인정이 필요하고 돈과 명예가 필요한가. 우리는 늘 말하지 않나요? 나는 욕망한다, 고로 나는 존재한다. 그러면서 동시에 말하지요. 욕망으로부터 자유로워져야 한다. 자신을 비워라. 그런데 자신을 비우라는 말은, 술라의 경우를 보면, 자아를 없애야 한다는 소리인가요? 이것이 가능한가요? 자아란 과연 우리를 지키는 핵심인가요, 아니면 우리의 해방을 방해하는 걸림돌인가요? 의문은 쉬지 않고 이어집니다. 좀 더 계속합시다.

작가는 이렇게 술라의 실험적인 삶에 관해 말한 뒤 술라를 순진하다고 말하고 있어요. 왜냐하면 모든 것에도 불구하고, 그녀의 규범을 개의치 않는 행동에도 불구하고, 술라는 여전히 다른 사람에게서 자신의 분신을 찾으려고 하기 때문이에요.

자기의 분신. 자, 여기서 긴장하게 되는군요. 작가가 무엇을 말하려고 하는지 보세요. 만일 술라가 그림을 그리거나 악기를 연주하거나 글을 쓴다면, 그 과정에서 자신을 발견하려고 했다면, 어떻게 되었을까요? 절제를 배우고 균형을 찾는 훈련을 하면서 자신과 만나게 되었을까요? 그러나 술라에게는 자기 표현을 할 수 있는 이런 수단이, 출구가 없어요. 자기 표현의 길이 막힌 예술가. 그래요. 작가는 술라를 표현 형식을 찾지 못한 예술가처럼 위험하다고 말합니다.

■ ■ ■ 어느 면에서 그녀의 생소함, 그녀의 순진함, 자기와 같은 다른 반쪽을 찾고자 하는 그녀의 열망은 할 일을 찾지 못한 상상력의 결과였다. 그녀가 그림을 그리거나 도자기를 만들거나 춤 또는 악기의 훈련을 알았다면, 그녀의 엄청난 호기심과 메타포의 재능을 사용할 대상이 있었다면, 그녀의 불안정한 감정과 편집적인 변덕을 행동으로 바꾸었을 것이고 그 행동은 그녀가 갈망하는 모든 것을 그녀에게 가져다주었을 것이었다. 그래서 예술 형식을 갖지 못한 모든 예술가처럼 그녀는 위험해졌다. (121)

여기, 훈련과 예술가라는 단어에 주목합시다. 예술가는 자기 절제와 연마를 통해 자기 속의 상상력을 표현하고, 이를 통해 자기가 갈망하는 또 하나의 자신과 만날 수 있다. 작가는 이렇게 말해요. 이는 작가 자신의 신념이기도 할 것입니다.

더 쉽게 설명해볼까요? 창의적인 생각과 에너지가 넘치는 아이가 있어요. 그 아이에게 찰흙도 가져다주고 크레용도 가져다주고 악기도 가져다줍니다. 아이는 무엇이든 만들어낼 거예요. 만들었다가 부수면서, 에너지를 쏟으면서 차츰 스스로 깨달아갈 거예요. 아이디어가 하나의 형태를 갖추려면 버릴 것은 버려야 한다는 것을. 원하는 대로 안 될 때에도 참고 계속해야 한다는 것을. 그런데 이 아이에게 아무것도 주지 않으면 어떻게 될까요? 자기 표현을 할 방식이 없으니 일상 속에서 무기력해지거나 파괴적이 되겠지요. 작가가 지적하는 술라의 삶의 한계, 거미줄에 매달려 전전긍긍하는 삶을 대신할, 그녀의 창의력을 표현할 길을 찾지 못한 것, 이는 우리 모두의 도전이기도 해요. 무서운 얘기입니다.

그렇다면 술라는 어디서 자신을 발견하나요? 술라에게 성sex이란 무엇인가요? 이런 아이러니를 보세요. 자신을 표현할 다른 형식을 갖지 못한 술라가 자신과 만나는 순간은 누군가의 밑에 깔려 성행위를 할 때입니다. 그 행위가 끝난 뒤 그녀는 한없는 평온함 속에서 자신을 만났고, 환영했고, 자신과 합류했어요. 그래요. 술라에게 성이란 자신과 만나는 도구로 설명되고 있어요. 성 이데올로기로부터의 해방, 성의 자유, 운운하는 맥락과는 다릅니다.

그렇다면 술라와 주드의 일을 어떻게 봐야 할까요? 작가는 간단하게 설명합니다. "술라는 엄마 한나의 자연스럽고 스스럼없는 남자들과의 관계를 보며 자랐다. 결혼 생활이 의미하는 남녀 간의 소유에 대해 알지 못했다. 그래서 자신의 행동이 넬에게 충격과 상처를 줄 것을 알지 못했다. 어렸을 때 자기와 넬은 모든 것을 공유했고 다 이해했다." 이런 술라를 보면서 무슨 생각이 드는지요? 확실한 것은 술라는 남녀관계 또는 인간관계를 소유와 연결시키지 못한다는 것이죠. 이 점을 기억합시다.

이런 술라에게 새로운 인물이 등장합니다. 작가는 술라와 에이잭스를 통해 대안적 관계를 시도합니다. 그 관계의 특징이 인습적인 것과 어떻게 다른지 살펴봅시다. 에이잭스, 이 이름, 기억하세요? 20여 년 전 사춘기의 넬과 술라는 하굣길에 아이스크림 가게에 들르곤 했었지요. 그 당시 동네 사람들은 가게 들 앞을 얼쩡거리며 지나가는 사람들을 구경하곤 했는데, 그 속에 에이잭스도 있었지요. 이 청년은 외설적인 농담을 멋지게 하면서 사람들을 즐겁게 했었지요. 그가 술라의 삶 속으로 들어옵니다. 술라는 29세, 그는 38세, 독신이군요.

에이잭스는 이 소설에서 유일하게 가부장 질서에서 자유로운 남자입니다. 그는 경제적으로 정서적으로 독립적인 어머니로부터 여성을 존중하는 법을 배웠어요. 그의 어머니는 역술인이에요. 운세에 대해, 날씨에 대해, 길흉의 징조에 대해, 꿈에 대해, 산 자와 죽은 자들에 대해 말해주는 점치는 여자예요.

무엇보다 그의 어머니는 일곱 아들의 마음속에 사려 깊음과 관대함을 불어넣어줬어요. 그리고 방임에 가까운 자유를 아들들에게 허용합니다. 희생, 간섭, 소유, 이런 태도와는 다릅니다. 그래서 에이잭스는 어머니를 세상에서 유일하게 존경합니다.

자, 그가 어머니를 존경하는 이유를 기억해두세요.

에이잭스는 또 비행기에 대해 남다른 애정을 가지고 있어요. 그는 대도시의 비행장에 가서 높고 푸른 하늘에 떠 있는 비행기와 조종사를 올려다봐요. 비행장 주변에서 조종사들에 관한 이야기도 주워들어요. 가난한 이 마을 사람들은 에이잭스가 이따금 대도시로 사라지는 이유는, 자신들은 알 수 없는 굉장한 쾌락을 찾기 위해서라고 상상해요.

여러분, 이 흑인 남성이 철조망 쳐진 비행장 주변을 맴돌며 조종사에 관한 이야기를 듣고 싶어하는 모습을 그려보세요. 하늘 높이 날고 있는 비행기를 넋을 놓고 올려다보는 모습을 생각해보세요. 그가 꿈꾸는 것은 무엇일까요? 차별과 가난, 폭력이 지배하는 땅 위에서. 일자리를 찾을 수 없어 좌절하는 흑인들의 삶이 대비되는군요.

그래요. 에이잭스가 술라에게 관심을 갖게 된 이유는 간단해요. 마녀로 낙인찍힌 술라에 관한 온갖 소문을 들으며 그는 오히려 이런 생각을 했어요. '술라는 자유롭게, 삶을 온전히 자기 방식으로, 효율적으로 사는 여자인지 모른다. 무엇보다 술라는 다른 여자들처럼 그를 속박하는 데는 관심이 없을 것이다. 그의 어머니처럼.' 그렇군요. 에이잭스가 술라에게 끌린 이유는 그녀가 소유와 집착에서 자유로운 여성으로 보였기 때문이라는 것을 명심합시다.

에이잭스가 하얀 우유병 두 개를 선물로 들고 술라에게 오면서 둘의 관계가 시작됩니다. 인습적인 남녀관계와 대비되는 두 사람의 관계, 그 특징은 무엇인지 잘 봅시다.

먼저 이들의 관계는 상품화된 관계가 아닙니다. 에이잭스가 술라에게 주는 선물들을 보세요. 블루베리가 가득 열린 나뭇가지, 나비들을 넣은 유리병, 얼음 한 덩어리, 만화 한 장… 이런 것들은 돈 주고 사는 물건들이 아니에요. 남자가 여자에게 비싼 선물을 주고, 여자를 자기 소유로 만들고…, 이러면서 서로를 상품화시키는, 이런 공식은 들어설 자리가 없어요.

두 사람의 관계의 또 다른 특징은 상호 존중입니다. 알아요. 이 표현은 남발되고 있지요. 그만큼 이런 관계가 어렵다는 소리입니다. 두 사람의 상호 존중은 대화를 통해 나타납니다. 술라가 진정한 즐거움을 느끼는 것은 에이잭스와 나누는 대화를 통해서예요. 에이잭스는 그녀의 말을 그냥 듣고만 있거나 자기 이야기만 하는 게 아니에요. 그녀에게 진정으로 이야기를 해요. 그는 자기 엄마처럼 술라도 뛰어난 여성이라고 생각했고, 이를 기대했어요. 술라가 독립적이고 현명하다고 믿었으므로 그녀를 아이 취급하거나 보호하기를 거부했어요. 그래서 그는 대화를 나눌 때에도 사랑을 할 때에도 그녀를 존중합니다. 그녀의 말에 귀를 기울였고, 그녀가 자기의 몸 위에서 조지아의 소나무처럼 흔들리게 했어요.

자, 주목하세요. 작가는 두 사람의 관계를 설명할 때 사랑이라는 단어를 쓰지 않아요. 결코 한 번도요. 이는 그 단어가 작가가 고심해서 제시하는 대안적 관계를 표현하기에는 너무 상투적이기 때문이 아닐까요? 그 단어를 사용하는 순간 새로운 관계를 향한 설렘과 긴장이 순식간에 후줄근해져 버리는 것 같지 않나요?

그런데 이런 의문이 생깁니다. 소유하거나 통제하지 않으면서 서로 존중하고 좋아하는 것, 이런 관계가 계속될 수 있을까요? 이런 관계의 선행조건은 무엇인가요? 이 질문을 하면서 우리는 벌써 알아차렸어요. 술라와 에이잭스의 관계는 지속되지 못해요. 에이잭스가 술라를 떠나요. 그들 관계의 끝은 이런 문장 속에 예고되고 있어요. "술라는 소유가 어떤 것인지 알아차리기 시작했다."

어디서 들어본 듯한 소리지요? 그렇지요. "처음으로 그들은 수치를 알게 되었다." 아담과 이브, 인간의 실낙원의 역사는 이 문장에서 시작되었다지요. 술라가 소유욕을 느끼는 순간, 에이잭스는 그것이 곧 집착과 통제로 이어질 것임을 알아차려요. 그 과정을 보세요.

술라는 소유에 대한 자신의 낯선 감정에 놀랍니다. 그런 술라를 보면서 우리는 그녀와 주드의 일을 떠올리게 되는군요. 결혼하지 않은 술라는 소유가 무엇인지 몰랐고, 상처 입은 넬을 이해하지 못했다는 말도 기억합니다. 그런데 지금 술라는 에이잭스를 향해 소유 감정을 느끼는군요.

그렇다면 자신을 존중해주는 사람을 소유하고 싶은 것은 자연스러운 본능인가요? 소유가 무엇인지 깨닫기 시작한 술라는 어느 날 아침 문득 궁금해집니다. 오늘 에이잭스가 올까? 그때까지 두 사람의 관계는 약속, 기다림, 기대, 이런 것과는 상관없었다는 소리입니다. 그런데 소유의 감정이 기다림과 기대로 이어지는군요. 술라의 이 감정은 에이잭스에게 잘 보이고 싶다는 마음으로 이어집니다.

술라는 거울 속의 자기 얼굴을 들여다봅니다. 입가의 주름을 만지작거리며 자기가 예쁜지 살펴봅니다. 그러더니 초록색 리본을 머리에 다는군요. 술라의 초록 리본, 그것은 소유와 기다림의 표현이군요. 에이잭스에게 잘 보이고 싶은 욕망은 초록 리본으로 끝나지 않아요.

에이잭스가 갈대피리를 만들어 술라에게 왔을 때, 욕실은 반질거렸고, 침대는 정돈되어 있고, 두 사람을 위한 식탁도 깔끔하게 차려져 있습니다. 아, 술라가 변하는군요. 에이잭스를 기다리며, 그의 시선을 의식하며, 그에게 매이기 시작하는군요. 그러나 무서운 것은 술라가 그에게 매이는 순간, 그를 구속하려 한다는 것입니다. 에이잭스를 소유하고 싶어지는 순간 그녀는 이 절묘한 관계의 메커니즘에 빠지게 됩니다. 그렇군요. 개인의 독자성이란 취약한 것이군요. 균형은 순식간에 깨어지는군요.

우리는 에이잭스가 어떤 남자인지, 에이잭스가 왜 술라를 찾아왔었는지 알고 있습니다. 에이잭스는 술라도 자기 어머니처럼 독립적이고 자유롭다고 생각했었지요. 작가는 여기서 무엇을 말하는 것일까요? 술라의 감정 변화는 자연스러운 것이다, 또는 이 감정을 극복하고 해방되어야 한다, 어느 쪽인가요? 좀 더 보세요.

에이잭스는 그날 마을에서 있었던 경찰과의 마찰에 대해 술라에게 말합니다. 흑인 청년 타르 베이비가 경찰서 유치장에 갇혀 폭행당한 것에 항의하다가 충돌이 생겼었지요. 그것은 일자리 없는 흑인 남자들이 흔히 겪는 일이어서 그는 대수롭지 않게 말했어요. 그러나 초록 리본을 달게 된 술라는 갑자기 그가 사는 세상이 눈에 들어오고 걱정되고 그를 보호하고 싶어집니다. 보세요. 술라는 에이잭스의 머리를 안으며 속삭여요. "나에게 기대세요."

어디서 들은 듯한 이야기지요? 보호해줄게. 넌 내 꺼야. 보호본능이란 구속으로 이어지나요? 그러나 에이잭스의 경우는 다릅니다. 여기서 우리는 익숙한 남녀관계의 시나리오가 어긋나는 것을 봅니다.

나에게 기대세요, 라는 술라의 말을 듣는 순간, 에이잭스의 온몸의 세포가 긴장합니다. 그는 순간적으로 초록 리본과 반짝거리는 욕실과 깨끗한 식탁을 일별해요. 그러고는 번개처럼 자기를 가두려는 둥지의 낌새를 알아차립니다. 생존에 대한 직감이지요.

그래요. 소유욕이란 이렇게 부드럽고 달콤하게 시작되어 어느 순간 집착으로 변하는 것이지요. 에이잭스는 이를 너무도 잘 알아요. 그의 눈이 옅은 아쉬움으로 잠시 흐려집니다. 그의 마음은 이미 대도시의 푸른 창공에 떠 있는 비행기를 향해 떠납니다.

이렇게 술라와 에이잭스를 통해 새로운 관계의 가능성이 시도되었지만 무산됩니다. 작가는 그 관계의 어려움을, 왜 그것이 어려운지를 말하려고 하는 걸까요? 보다 중요한 것은 이 실패 앞에 선 술라의 태도입니다. 에이잭스가 떠난 뒤 술라는 고통스러운 자기 점검을 거쳐가면서 자신에게 원인이 있었음을 깨닫게 됩니다. 자신이 충분히 독립적이지 못했음을 인정합니다.

작가가 강조하는 것은 이 부분이에요. 보세요. 에이잭스의 부재는 너무 완벽해서 그의 흔적조차 찾기 어렵군요. 그가 앉았던 부엌의 흔들의자, 문 열고 나가기 전에 모자를 쓰며 바라보던 거울, 무엇보다 그가 그녀에게 선물했던 나비들, 열매들, 갈대피리들, 그것들은 어디 있나요? 정말 그가 이곳에 왔었나요?

술라는 그의 흔적을 발견합니다. 그의 운전면허증. 거기 적힌 그에 관한 사항, 1901년생, 키 5피트 11인치, 몸무게 152파운드, 눈은 갈색, 머리는 검정, 피부색은 검정… 그러다가 그의 이름에서 술라의 시선이 움직이지 않아요. 앨버트 잭스Albert Jacks. A. 잭스. 그의 이름은 앨버트 잭스였던 것이지요. 그런데 그녀는 그동안 내내 그의 이름을 에이잭스Ajax로 잘못 알고 있었던 것이지요.

이 발견 앞에서 술라의 깊은 성찰이 시작됩니다. 그리고 깨닫습니다. 그녀의 생각의 흐름을 잘 따라가 보세요. 그가 떠난 것은 당연하다, 나는 그의 이름도 제대로 알지 못했다, 그는 자기 이름도 제대로 모르는 여자와 만나고 있었다… 그러면서 계속 생각합니다.

"하여간에 그는 잘 떠난 거야. 오래지 않아 내가 황금색을 제대로 알고 있는지 보려고 그의 얼굴 살점을 뜯어내려고 했을 것이니까. 그리고 아무도 그런 종류의 호기심을 이해하지 못하므로 사람들은 내가 그를 해치려 했다고 믿을 것이니까." 보세요. 지금 술라는 자신을 객관적으로 보고 있어요. 그녀는 그를 제대로 몰랐어요. 그래서 그를 소유하고 싶어졌고 그에게 잘 보이고 싶어졌어요. 그래서 머지않아, 그에 관한 것들을 다 알고 싶어져서 그를 해치게 될지도 몰랐어요. 술라는 그 위험한 관계의 파탄을 내다보고 있어요.

술라의 이 깨달음은 곧 자신에 대한 어려운 반성으로 이어집니다. 그녀는 자신이 고개를 꼿꼿하게 세우지 않았고 독립적이지 않았다고 인정합니다. "나는 고개를 당당하고 꼿꼿하게 들지 않았다. 그랬더니 내 고개는 꺾어졌다." 무슨 말인가요? 술라 자신이 충분히 독립적이지 못했으므로 에이잭스가 떠났다는 것, 그가 떠난 것은 자신에게 책임이 있다는 것을 인정하는 것이지요. 여기서 우리는 자기를 응시할 수 있는 술라의 힘을 봅니다. 그 힘이 술라 자신을 버림받은 자의 위치에서 구해내는 것이지요.

여기서 넬과 술라의 태도를 비교하게 됩니다. 넬은 인습에 순응했지만 남편이 가출했어요. 넬은 그것이 술라 때문이라고 생각해요. 자신을 되돌아볼 능력이 없어요. 그래서 그녀는 버림받은 가여운 여자가 됩니다. 술라는 에이잭스가 떠난 것은 자신이 충분히 독립적이지 못했기 때문이라고 인정해요. 그가 떠난 것이 그와 그녀 자신을 위해서도 다행이라고 생각해요. 고통스러운 자기 성찰의 결론이에요. 그녀는 이제 새롭게 부를 노래가 없다고 생각해요. 부를 수 있는 노래는 모두 불렀어요.

제9강 _ *1940*

이 장에서는 병들어 누워 있는 술라를 3년 만에 처음으로 넬이 방문합니다. 술라와 넬의 대화에 주목합시다. 긴장되고 격렬하게 두 여자가 주고받는 말을 통해 작가는 다시 한 번 넬의 인습적인 삶에 대해, 술라의 실험적인 삶에 대해 심사숙고하게 만듭니다.

주드가 가출한 뒤, 지난 3년 동안 넬의 삶은 어떠했나요? 서른에 아이 셋과 함께 남겨진 넬은 녹음의 절정에서 갑자기 부러져서 시들어버린 단풍나무로 묘사됩니다. 짐작하기 어렵지 않아요. 자립 능력 없이 혼자 아이 셋을 키우는 여자의 삶, 경제적으로 정서적으로 황량하고 힘든 삶이지요.

넬은 청소부로 일하다가 호텔 객실 메이드로 일해요. 주드가 웨이터로 일했던 곳이지요. 팁은 빠듯해도 아이들 하교에 맞춰 집에 올 수 있어요. 이 작은 마을에서 버림받은 여자에게 허용된 것은, 그녀의 일상을 지탱해주는 것은, 선행 하나뿐이군요. 그녀가 술라를 방문하는 것도 그 선행의 한 부분입니다.

주드의 가출을 오직 술라 탓으로 돌린 넬. 술라에 대한 그녀의 감정은 변했을까요? 아닙니다. 지난 3년 동안의 삶이 어려웠던 만큼 넬은 여전히 술라에 대한 원망에서 못 벗어났어요. 그래서 술라를 방문하기 전, 그녀는 몇 번이고 연습합니다. 그녀는 무슨 말을 어떤 어조로 할 것인지, 목소리의 높낮이는 어떻게 할 것인지. 그리고 환자가 아니라 병을 동정하면서 담담하게 사무적으로 말하기로 자신에게 다짐합니다.

넬이 방문했을 때 술라는 침대에 누워 가느다란 팔을 힘겹게 움직이고 있군요. 술라의 눈꺼풀 위 장미모양 반점을 내려다보며 넬은 묻습니다. 3년 만에 처음 하는 둘의 대화를 보세요. "아프다는 소문을 들었는데. 내가 뭐 해줄 수 있는 거 있니?" 그녀를 올려다본 술라는 대답하는군요. "약 처방을 받았는데, 약국에 갔다와줄래?"

이렇게 첫 대면을 한 뒤 넬은 약국에 가서 자기 돈으로 술라의 처방약을 사옵니다. 마지막 고통에 대비한 약이지요. 그런 뒤 두 친구는 본격적으로 이야기를 시작해요. 탁구공이 튀듯 둘 사이에 말들이 오갑니다. 죽음이 임박한 술라와 여전히 세상의 사고에서 벗어나지 못한 넬. 마치 그들 사이의 물러설 수 없는 한판 대결인 듯해요. 넬의 상투적인 비난에 술라는 거침없이 대응합니다. 수식어가 일체 없습니다. 이 부분을 정독하세요. 넬의 술라에 대한 비난을 보세요. 이에 답하는 술라의 비수와 같은 말을 들어보세요.

■ ■ ■ "넌 여자야, 흑인 여자야. 그러니 남자처럼 살 수 없는 거야. 넌 아주 독립적으로 사방을 돌아다닐 수 없어. 하고 싶은 대로 하고, 하고 싶은 말을 하고, 싫으면 팽개치고."

(…)

"넌 내가 너처럼 살지 않는다고 너의 삶이 어떤 것인지 모른다고 생각하니? 난 이 나라 모든 흑인 여자들이 뭘 하고 있는지 알아."

"뭔데?"

"죽어가고 있지. 바로 나처럼. 그러나 차이가 있어. 그들은 그루터기처럼 죽어가고 있지. 나? 난 삼나무처럼 쓰러지고 있지. 나는 확신해. 내가 이 세상을 살았다는 것을."

"정말? 그걸 증명하기 위해 뭘 보여줄 수 있어?"

"보여주다니? 누구에게? 난 내 마음을 갖고 있어. 마음속에 있는 것들도 내 것이야. 다시 말해, 난 나를 가지고 있어." (142–143)

어떠세요? 넬은 우리가 할 수 있는 상식적인 질문을 하고 있지요? 약 살 돈 한 푼 없이 혼자 죽어가면서도 당당하기만 한 술라에게 넬은 윽박지르는군요. 도대체 네가 이룬 것이 뭐냐고, 가진 것이 뭐냐고, 보여달라고 합니다. 그러나 여전히 술라는 거침없어요. 증거? 뭘 가졌냐고? 난 내 마음을 가졌어. 나를 가졌어. 내 삶은 온전히 내 꺼야.

이런 술라가 어떠세요? 얄밉지요? 그건 무얼 뜻할까요? 우리가 넬의 입장에 서 있다는 것이지요. 그만큼 인습적이라는 소리지요. 그렇습니다. 술라의 삶, 술라의 말은 규범적 가치를 조롱하고, 그것에 익숙해진 우리의 사고방식을 흔들어요. 우리를 불안하게 해요. 왜 우리는 그의 말에 불안해집니까? 그의 말이 옳을 수도 있다는 것을 알고 있기 때문이지요. 우리 또한 저 깊숙이에서 관습적인 것에 대해 의문을 갖고 있기 때문이지요. 그러면서도 이를 외면하고 살아요. 용기 없고 두려워서요. 이런 의미에서 술라의 삶은 기존 질서가 고착되는 것을 막고, 우리가 자기만족에 빠지는 것을 막아주기도 해요. 술라의 말을 그런 맥락에서 이해할 수 있겠습니다.

두 사람의 대화를 들으며 우리는 넬의 말이 빈약하다는 것을, 그녀가 수세에 몰리는 것을 봅니다. 그래서 넬은 더욱 반격을 가합니다. 자신의 삶을 혼자 감당하려는 이들에게 흔히 던지는 질문이지요. 그러나 이에 대한 술라의 대답 또한 돌직구입니다.

■ ■ ■ "너, 외롭지?"

"그래. 하지만 내 외로움은 내 꺼야. 그런데 너의 외로움은 다른 사람의 것이지. 다른 사람에 의해 만들어져서 너에게로 건네진 거야. 재밌지 않아? 남 때문에 생긴, 말하자면 중고품 외로움이지."

(…)

"난 언제나 네가 어떻게 원하는 남자들을 취하는지는 알고 있었어. 그런데 이제는 왜 네가 아무도 잡아두지 못하는지 알겠다."

"그게 내가 해야 할 일이야? 남자 잡아두느라고 내 인생을 낭비하는 거?"

"술라, 그들은 그만한 가치가 있어."

"그들이 나보다 더 가치 있진 않지. 게다가 나는 남자가 가치 있어서 사랑한 적은 절대 없어. 가치와는 아무 상관이 없어."

"그럼 뭐가 상관 있니?"

"내 마음. 오로지 그게 전부야." (143–144)

넬은 더 이상 술라와 대화를 계속할 수 없어요. 어떤 질문에도 술라의 확신은 요지부동입니다. 자, 이제 우리는 두 친구 사이에 무슨 이야기가 나올지 알고 있어요. 이제까지 한 번도 거론된 적이 없으니까요. 넬은 그 얘기를 꺼냅니다.

■ ■ ■ "너, 그렇다면, 주드를 사랑하지도 않으면서 왜, 왜 그랬어? 내 생각

> 은 전혀 안 한 거야? 내가 너한테 얼마나 잘했는데. (…) 우린 친구였잖아."
>
> "아, 그래, 좋은 친구였지."
>
> "그런데 넌 나를 사랑하지 않은 거야. 그래서 그를 놔두지 않은 거야. 그가 날 사랑하도록 놔두지 않은 거야. 넌 그를 빼앗아야만 했어." (144–145)

그래요. 넬이 말을 계속할수록 주드의 가출로 인한 그녀의 패배감과 좌절이 여전하다는 것을 알게 됩니다. 여전히 술라는 그 모든 것의 원인이고요. 술라는 대답합니다. "그를 빼앗아 갔다니. 내가 그를 죽인 것도 아니고, 그와 잔 것뿐인데. 우리가 그렇게 좋은 친구였다면, 어째서 넌 그 일에서 못 벗어나고 있는 거니?"

두 친구의 대화는 결코 이해점에 도달하지 못할 것입니다. 두 사람의 입장이, 보는 관점이 대척점에 있기 때문이지요. 다시 말해 넬은 세상의 입장에 고착되어 있고, 술라는 자신의 주체적 입장을 고수하기 때문이지요. 두 사람은 완전히 다른 입장에서 말하고 있어요.

그런데 말이지요, 넬은 술라가 주드를 자기에게서 빼앗아 갔다고 믿어요. 그런 눈으로 보자면 주드는 물건 또는 허수아비인 거지요. 주드를 자기 의지와 감정을 가진 인간으로 보지 않는 거예요. 그러면서도 그녀의 삶에서 주드가 사라지자 넬은 허깨비처럼 되어버린 거예요. 이 역설을 보세요. 비극적이기까지 합니다. 주드를 주체성 없는, 술라에게 끌려간 남자로 여기면서도 그가 없는 그녀의 삶은 거미줄 구석에 매달린 채 쪼그라들었어요. 이런 생각이 듭니다. 인습에, 세상의 법칙에 순응하는 것은 자신의 삶을 저당 잡히는 것과 같아요. 주드의 가출이라는 예상 밖의 사태를 만나자, 넬은 세상이 만든 피해자의 자리로 밀려난 거지요.

넬은 술라와 이성적인 대화를 할 수 없다는 결론을 내려요. 그래서 술라에게 치명적이라고 생각되는 말을 내뱉고야 맙니다. 이런 경우와 같다고 할까요? 진부한 예지만, 남자와 여자가 팽팽하게 말다툼을 하는데, 논리적으로 몰리던 남자가 내뱉지요. 여자인 주제에 웬 잔소리야? 아니, 이런 일은 더 이상 없다고요? 하여간에 우리는 수세에 몰릴 때 상대에게 제일 취약하다고 생각되는 부분을 찌릅니다. 넬이 말해요. "너, 동전 한 푼 없이, 친구 하나 없이 거기 누워 여전히 사람들이 널 사랑하기를 기대하는 거야? 이 동네에서 온갖 못된 짓은 다해놓고?"

그 말에 대한 술라의 반응에 주목합시다. 통증으로 땀범벅이 된 술라가 기진맥진한 채 얼굴을 들었다가 베개로 떨구며 한숨을 쉽니다. 그러더니 말해요. 잘 들읍시다. 술라의 삶에 대한 작가의 입장이 요약되어 있으니까요. "아, 염려 마. 사람들은 날 사랑할 거야. 물론 시간이 걸리겠지만, 결국 날 사랑하게 될 거야."

얼마나 시간이 걸릴까요? 술라는 심한 고통 속에서도 상당히 길게 말합니다. 이 소설에서 우리가 듣는 그녀의 마지막 말이고요. "사람들이 결국은 그녀를 사랑할 것이다."

대체 얼마나 오래 걸릴 것인가요? 그녀가 이에 대한 답으로 하나씩 예를 드는 것들, 가령 모든 백인 여자들이 흑인 남자들과 뒹굴고, 모든 노파들이 어린 소년들과, 모든 고양이들이 개들과 엉기는… 그렇습니다. 한마디로 세상이 거꾸로 뒤집어지는, 천지개벽이 일어날 정도의 시간이 걸린다는 뜻이지요. 그만큼 술라를 이해하고 사랑하기란 현재의 세상에서는 불가능하다는 뜻이겠지요. 동시에 그녀를 이해하는 세상이 반드시 온다는 뜻이기도 합니다.

술라의 확신에 주목합시다. 그녀는 환상 없이 세상을 봐요. 세상이 자신을 어떻게 보는지 알아요. 규범과 덕목이라는 이름으로 개인의 존엄성을 부정하고 차별하는 현실을 인정해요. 그래서 지금까지 우리가 본 그녀의 삶은 이런 세상에 대한 도전이면서 작가 자신의 현실 고발이기도 합니다.

그러나 보세요. 작가는 술라를 분노에 찬 맹렬한 여전사로 내세우지 않았어요. 세상의 눈에는 걷잡을 수 없는 이 위험한 마녀를 작가는 술라, 즉 인습이 아닌 자기의 눈으로 자기의 삶을 산 인물로 그렸어요. 그래서 그녀의 눈으로 보면 뿌연 세상이 영롱해 보이고 그녀와 함께 있으면 큰 소리로 웃고 상쾌한 기분이 드는 것이지요. 그래요. 죽음을 앞둔 술라의 이 마지막 말들을 통해 세상의 변혁에 대한 작가의 치열한 갈망이 강조되고 있는 듯합니다. 이는 떠나는 넬을 향해 술라가 다시 한 번 하는 말 속에서 더욱 분명해집니다.

그 장면을 봅시다. 힘겹게 이어지는 술라의 말을 들으면서 넬은 이해할 수 없어요. 그러면서도 왠지 자신이 부끄러워집니다. 왜 그럴까요? 여전히 주드의 일에서 벗어나지 못하고 있다는 의식 때문일까요? 그에 비하면 술라는 친구도 돈도 없이 혼자 죽어가면서도 자신의 삶에 대해 당당하기 때문일까요? 우리는 이 순간의 넬의 부끄러움을 기억할 것입니다. 그녀의 깊은 곳에 방치된 또 하나의 넬이 술라의 말이 옳을지도 모른다고 반응하는 게 아닐까요? 이 부분은 이 소설의 마지막에 넬이 술라의 이름을 절규하는 장면과 연결될 것입니다.

넬은 당황한 채, 일어나면서 말합니다. "잘 있어. 난 다시 안 올 것 같아." 그녀가 문을 열 때 뒤에서 술라가 낮게 말해요. 술라가 지금까지 넬에게 했던 말이 허세가 아니고 믿음이었음을 작가는 이렇게 다시 강조합니다.

■ ■ ■ "있잖아, 너, 어떻게 알아?" 술라가 물었다.

"뭘?" 넬은 여전히 그녀를 쳐다보지 않았다.

"누가 옳은지 말이야. 네가 옳은지, 어떻게 알아?"

"무슨 소리야?"

"내 말인즉, 옳은 사람은 네가 아니라 나일지도 몰라." (146)

옳은 것은 세상이 좋은 여자라고 보는 넬이 아니라 스스로의 주인으로 살고자 했던 술라 자신이라는 뜻이겠지요. 넬과 술라, 두 친구의 마지막 만남은 이렇게 끝납니다. 술라는 자신이 믿는 것을 친구에게 다 말했어요. 그러나 넬은 여전히 이해하지 못합니다. 여전히 자신을 대면하지 못해요. 그러나 중요한 것은 술라가 넬에게 말한 것이지요. 그리고 넬이 부끄러움을 느낀 것이고요. 어느 날 넬은 술라의 말을 이해하게 될지도 모릅니다.

넬이 사다 준 약을 먹고 술라는 통증의 마지막 터널을 지나갑니다. 그녀는 혼미 속에서 느껴요. 언제나 모든 것이 똑같다는 것을. 똑같은 말들, 똑같은 미소들, 똑같은 눈물, 모든 것은 언제나 똑같이 반복됩니다. 모든 것은 '한결같이' 똑같다고 말했던 사람이 누구였지요? 자살의 날을 만들었던 쉐드렉이었던가요? 그러다가 문득 술라는 고통에서 해방됩니다. 비 냄새가 풍기는 강물 속으로 지친 몸이 휩쓸려가며 술라는 말합니다. "이런, 고통도 없네. 넬에게 말해야지…" 술라의 마지막 의식 속에 있던 단어가 넬의 이름이었군요. 우리 기억합시다. 다음 장으로 넘어갑니다.

제10강 _ *1941*

자, 여러분, 술라가 죽은 뒤 무슨 이야기가 더 남아 있을까요? 소설이 시작될 때 바텀 마을의 역사, 쉐드렉의 자살의 날 제정, 넬과 술라의 가족 이야기 등이 먼저 말해졌었지요. 소설의 끝도 비슷한 방식으로 마무리됩니다.

술라의 죽음 이후 마을 사람들의 생활 속에는 크고 작은 변화가 일어나고 그것이 마을 터널의 붕괴라는 대참사로 이어집니다. 이 장에서는 술라의 죽음과 터널의 붕괴, 이 두 사건이 어떻게 연결되는지 살펴봅시다.

먼저 악의 적법성에 대해 앞에서 언급했던 것을 되살려봅시다. 악이 인간 세상에 존재하는 이유, 악의 역할이 어떻게 묘사되었었나요? 악이 존재함으로써 역설적으로 착하고 선한 것이 강조되는 것, 이는 마치 질병 앞에서 건강의 중요성이 확인되고 죽음 앞에서 삶의 소중함을 깨닫게 되는 것과 같은 이치일까요?

그래요. 마을에서 술라를 마녀로 낙인찍어버리자, 마을 사람들, 특히 여자들은 착한 사람들로 돌변했지요. 자식들과 남편들과 늙은 시부모를 극진히 챙기게 되었지요. 술라의 사악함이 두드러질수록 그들은 더욱 모범적이 되었지요.

술라가 죽자, 마을이 악으로부터 해방되면서 처음에는 좋은 징조들이 나타나는 듯합니다. 오랜 숙원이던, 늘 소문만 무성했던 터널 파는 일이 드디어 실현될 것 같았고, 무엇보다 이번에는 흑인들도 그곳에서 확실하게 일자리를 얻을 수 있을 것이라고 했습니다. 또 흑인들을 위한 양로원이 리모델링되고 에바도 그곳으로 옮겨졌다고 합니다. 그런데 예상치 못한 나쁜 일이 일어나기 시작합니다.

술라의 죽음으로 마을 사람들의 일상이 삐걱거리기 시작한 것이지요. 마을의 삶 속에서 선과 악이라는 긴장감을 유지해주던 술라가 죽자, 사람들은 더 이상 착해질 필요를 못 느끼게 돼요. 그들을 지탱해주던 한 축이 무너진 것이지요. 선과 악의 평형성이 깨지자 이상한 불안과 초조가 마을을 덮치기 시작해요. 착한 엄마와 효녀 노릇을 하던 여자들은 어린 아들을 때리기 시작하고, 늙은 시부모에게 짜증을 냅니다. 마을은 혼란 상태에 빠진 것이지요.

이런 현상들은 곧이어 닥칠 큰 재앙을 예고하고 있어요. 예기치 못한 이상기온이 마을을 덮치는군요. 하룻밤 사이에 세상이 서리를 맞아요. 농작물들이 못쓰게 되고 항아리는 얼어 터지고 가금류들은 얼어 죽어요. 사람들은 후두염과 성홍열에 시달려요. 길은 얼어붙고 가난한 이 산동네 사람들은 일거리를 찾아 언덕을 내려가지 못합니다. 추위와 배고픔과 불만으로 가득 찬 추수감사절과 크리스마스, 그리고 새해가 왔습니다. 갑자기 기온이 올라가고 햇빛이 눈부시게 빛나면서 언 땅이 녹기 시작합니다. 새해 셋째 날은 쉐드렉이 만든 자살의 날이지요.

자, 술라의 죽음이 쉐드렉에게 어떤 영향을 끼쳤는지, 그것이 그해 자살의 날에 어떻게 터널 붕괴로 이어지는지 봅시다. 먼저 쉐드렉은 조금씩 전쟁 후유증에서 벗어나고 있었어요. 머릿속을 채우고 있던 전쟁의 포효 소리가 사라지면서 그는 더 이상 술을 마시지 않아요. 그는 외로워집니다. 술라가 생각나는 것은 이때예요. 그의 오두막에 남겨진 술라의 벨트가 유일하게 그에게 방문객이 있었다는 것을 상기시켜줍니다. 그 옛날, 그가 술라에게 했던 말, 한결같아, 라는 말 기억하지요? 다시 그때의 일을 되살려봅시다.

그해 여름, 술라와 넬의 사춘기 시절, 강가에서 술라는 어린 소년의 손을 잡고 크게 원을 돌리며 장난을 쳤지요. 아이의 웃음소리가 강가에 퍼졌지요. 술라의 손에서 빠져나간 아이가 순식간에 강물 속으로 들어가버렸지요.

술라는 강 건너 오두막에서 누군가 자기를 보고 있다고 생각하고 그리 달려갔지요. 빈 오두막에서 머뭇거릴 때 돌아온 쉐드렉은 눈물범벅이 된 겁에 질린 술라의 얼굴을 보자, 이렇게 말했었지요. 한결같아, 라고. 술라는 이해하지 못한 채 다시 넬이 있는 곳으로 달려왔었지요. 자기 벨트가 뒤에 떨어진 것도 모른 채요. 술라가 두렵고 당황하여 울고 있는 동안 넬은 내내 차분하고 조용했었지요.

쉐드렉이 술라에게 했던 말, '한결같아'에 대해서 그 당시에는 전혀 설명이 없었어요. 그런데 지금 그 말의 뜻이 설명됩니다. 잘 보세요. 그때 오두막에서 쉐드렉은 겁에 질린 어린 술라의 얼굴 아래서 해골을 봤어요. 피가 흐르고 뇌가 쏟아져 나왔어요. 그래요. 그는 전쟁 후유증을 앓고 있었던 거지요. 그는 술라가 겁에 질린 이유도 자기처럼 해골을 봤기 때문이라 생각했어요. 그래서 그 애를 안심시키려고 한결같아, 라고 말했던 거지요. 언제나 한결같다면, 변화가 가져오는 죽음은 없을 테니까요. 죽음을 무서워할 필요가 없을 테니까요. 돌이켜보면, 한결같아, 라는 그 말은 쉐드렉 자신이 스스로를 안심시키는 말이기도 했겠지요. 예측할 수 없는 죽음에 대비하기 위해 자살의 날을 만든 사람이 그 자신이니까요.

그로부터 20여 년이 지난 뒤, 다시 현재로 돌아옵니다. 쉐드렉은 우연히 술라의 죽음을 목격해요. 큰 충격을 받아요. 그가 믿었던 것, 한결같은 것은 아무것도 없었던 것이지요. 그의 이 깨달음이 그해 자살의 날에 쉐드렉의 태도를 변화시켜요. 보세요.

술라의 죽음을 알게 된 쉐드렉은 지금까지 자신이 주도해온 자살의 날이 소용없다고 생각해요. 일 년에 한 번 죽음의 날을 정해놓으면, 나머지 날들은 죽음에서 해방된다고 믿었는데, 그렇지 않다는 것을 알게 된 것이지요. 그래서 그해 자살의 날에 그는 마음이 내키지 않았어요. 밧줄을 단단하게 묶지도 않았어요. 그가 마지못해 종을 울리며 거리로 나섰을 때 종소리도 기운이 없었어요.

마을 사람들은 이날 왜 그렇게 많이 거리로 나왔을까요? 가난과 추위로 얼어붙었던 그들의 마음이 처음으로 풀어졌던 것일까요? 환하게 쏟아지는 햇빛 속에서 한순간이나마 웃으며 두려워하지 않고 죽음을 마주했던 것일까요?

쉐드렉이 종을 울리며 내려오자 사람들은 종소리를 듣고 모이기 시작합니다. 모두 봄 축제 같은 기분에 휩싸입니다. 쉐드렉은 모여드는 사람들의 흥분과 즐거움이 겁이 났어요. 그러나 습관적으로 계속 노래를 부르고 종을 울리며 밧줄을 붙들고 골목길을 지나갑니다. 아이들이 펄쩍거리며 따라옵니다. 마치 아이들을 몰고 가는 피리 부는 사나이 같았어요.

여기서 작가는 다시 이 흑인 마을의 역사를 상기시키는군요. 그들은 지금까지 고난과 차별과 수모 속에서도 다른 사람들의 쓰레기 속에 묻혀 일했어요. 다른 자들이 일으킨 전쟁에 흥분하고 백인들의 아이들을 돌보며 살아왔어요. 기적 같은 정부가 나타나 그들을 구제해줄 것이라는 희망에 매달려왔어요. 그래서 그들은 이날도 햇빛이 언제나 계속될 것이라 믿었어요. 그렇게 오랫동안 속아왔지만, 그래도 희망을 보았어요. 흥분한 그들은 춤추고 노래하며 백인 거주 지역으로 이어지는 길을 지나 뉴 리버 로드로 내려와 터널 입구에 도착합니다. 다음에 일어나는 일에 주목합시다. 작가의 메시지는 여기에 요약되어 있으니까요.

우리는 마을 사람들에게 터널이 어떤 의미를 가지고 있는지 알고 있어요. 백인들이 어떻게 흑인들을 터널이나 도로 공사에서 제외시켰는지 보아왔어요. 버지니아에서 온 허약한 백인들, 이민 온 그리스인들을 고용하면서도 산이라도 들어올릴 수 있을 만큼 건강한 흑인 청년들을 소외시키는 것을 보았어요. 흑인 청년들이 책임 있는 어른으로 성장할 수 있는 기회를 차단시키는 것을 보았어요.

이날, 축제의 기분에 휩싸여 터널 입구까지 몰려왔던 사람들은 그 속을 들여다보다가 갑자기 조용해집니다. 그들을 스쳐가는 무수한 감정들, 생각들을 보세요. 그 터널은 그들의 무산된 희망, 치과에도 못 가고 학교에 신고 갈 구두도 못 사고 더 이상 연탄도 외상으로 못 사는 것과 연결되어 있어요.

이런 일상적인 예들을 작가가 나열하는 것은 인종 차별, 소외, 착취라는 표현보다, 그들의 분노를 훨씬 더 직접적이고 강렬하게 드러냅니다. 차별 사회 또는 부당한 제도는 이런 일상의 어려움을 통해 훨씬 구체적으로 드러납니다.

곧이어 일어나는 일들은 이런 맥락에서 이해되어야 할 것입니다. 조용해졌던 그들은 다음 순간 격렬하게 철조망을 부수기 시작합니다. 쥐나 고양이나 길 잃은 아이들을 막기 위한 철조망. 그러나 그것은 다름 아닌 이 마을 사람들, 흑인들을 쫓아내는 것이었으니까요. 이때 사용되는 말들을 보세요. 부셔버려, 무너뜨려, 곧이어 죽여버려, 라는 단어가 나옵니다.

마을 사람들이 처음부터 터널 속까지 들어갈 의도는 없었어요. 그러나 그 순간 그들에게 그토록 고통을 준 모든 것을 죽여야 했어요. 버지니아 사람들, 그리스 이민들, 칼 같은 얼굴을 한 백인들, 흑인 자신들을 제외한 채 만들어진 모든 것을 지구상에서 쓸어내야 했어요. 그들은 끝까지 들어갑니다. 그들 속에 뭉쳐 있던 분노와 좌절과 헛된 기대가 폭발했어요. 그날 많은 사람이 죽습니다. 터널이 무너지고 물이 쏟아지고, 사람들이 휩쓸려 사라졌어요. 쉐드렉 혼자 터널 입구에 서 있었어요.

노래도 밧줄도 다 잊은 채 종을 계속 울리고 있었어요.

술라가 죽기 직전에 넬에게 했던 말이 생각납니다. "세상이 완전히 뒤집어져야 사람들은 날 사랑할 수 있을 거야." 작가는 술라의 죽음과 터널의 붕괴를 통해 무엇을 말하는 것일까요?

우리가 살펴본 대로 터널은 이 소설의 배경이 되고 있는 시대와 장소를 지배하는 제도의 상징입니다. 특히 인종 차별을 공고히 하는 막강한 권력의 상징이에요. 그렇다면 터널의 붕괴는 차별과 모순의 구조를 전복시킨다는 의미입니다. 무수한 술라와 넬, 주드의 삶을 좌절시킨 견고한 체제를 개혁해야 한다는 뜻입니다. 선언입니다. 대가를 치르면서 말이지요.

이렇게 술라의 죽음 이후 나타나기 시작한 마을의 심리적 · 물리적 동요는 백인 제도를 상징하는 터널의 붕괴로 이어집니다. 술라의 죽음은 그렇게 마무리되는 것이지요. 이 부분을 읽으면서 다시 한 번 개인적인 것과 정치적인 것의 긴밀하고 견고한 연결을 확인합니다. 혁명은 이렇게 시작되는군요. 발표 당시 이 소설을 읽고 가히 혁명적이라고 했던 독자들의 열광을 이해할 것 같습니다. 자, 더 이상 할 말이 없는 듯하지만, 그러나 아니에요. 우리는 뒤에 살아남은 두 사람, 에바와 넬의 마지막 만남을 지켜봐야 합니다. 이를 통해 작가가 전달하는 메시지를 재확인해야지요. 24년 후의 일입니다.

제11강 _ *1965*

이런 의문이 들지 않나요? 왜 작가는 술라가 죽은 뒤 24년이 지난 뒤에야 에바와 넬을 다시 만나게 할까요? 이때의 24년이란 세상의 질서가 몇 번이고 달라질 수 있는 시간이니까요. 가령 우리나라의 1980년대와 2013년의 차이가 단순히 30년이라는 시간의 차이만은 아닌 것처럼요. 그 시간은 우리의 삶에 상상할 수 없었던 변화들을 가져오지 않았나요? 마찬가지예요.

술라가 죽은 뒤 1941년부터 1965년까지, 세상은 말 그대로 천지개벽하듯 변했어요. 작가는 무엇을 말하고 있을까요? 술라가 죽기 전에 넬에게 말했었지요. "그래, 시간이 오래 걸릴 거야. 그러나 사람들은 날 사랑하게 될 거야." 기억나지요?

그러나 넬은 여전히 술라를 이해하지 못했지요. 이제 24년이 지난 뒤, 그녀는 술라를 이해할까요? 어떤 계기로, 어떤 방식으로 이해하게 될까요? 넬이 술라를 이해하는 것은, 그때까지 외면했던 넬 자신을 마주보고 인정하는 것이기도 합니다. 여기서 아흔 살이 되도록 양로원에 살아 있는 에바가 어떤 역할을 하는지 보세요. 에바는 넬이 자기 대면을 하게 만들어요. 그러면서 술라와 화해하도록 해요. 작가는 이 굉장한 여성, 에바에게 이런 방식으로 그녀에게 합당한 예우를 하는군요. 그 과정을 봅시다.

이 장은 이제는 중년을 넘어선 넬의 눈을 통해 전개됩니다. 우리는 마을에 어떤 변화가 왔는지, 또 지난 20년 동안 넬이 어떻게 살아왔는지 알게 돼요. 후기처럼 읽히기도 하는 이 장은 주인공들이 떠난 뒤 두어 명의 조연만 남은 스산하고 허름한 무대를 연상시켜요. 그러나 뒤에 남은 사람들, 넬과 에바는 술라의 이야기를 마무리하기 위해 반드시 필요한 사람들이에요.

자, 넬의 눈에 비친 마을의 변화를 보세요. 첫 문장은 이렇게 시작해요. "1965년에는 세상이 훨씬 좋아졌다. 아니, 그렇게 보였다." 어떠세요? 모두들 살기 좋은 세상이 되었다고 하는데, 그것이 반드시 좋은지는 모르겠다는 소리처럼 들리네요. 이는 변화에 대한, 좋아진 것들에 대한 작가 자신의 유보적인 태도이기도 합니다. 그 좋은 변화들이라고 하는 것을 보세요. 흑인들도 시내의 상점 계산대에서 일해요. 고등학교에서 수학을 가르치는 흑인 교사도 있어요. 옛날에는 꿈도 꾸지 못했을 일이지요. 젊은이들이 새로운 세상의 분위기를 풍기지만 그러나 넬의 눈에는 모두 비슷비슷해 보여요. 옛날 에바의 집에서 데려다 키우던 쌍둥이 같아요. 그렇지요. 모든 것이 획일화되고 있다는 뜻이겠지요. 개성과 특징이 없어진다는 소리겠지요. 넬의 기억 속의 소년들은 달랐어요. 그 옛날 1921년의 소년들은 아름다웠어요. 운동장에서 뛰어놀고, 개울에서 멱 감고 물에 젖은 등이 반짝거리던 소년들.

무엇보다 이 마을에 어떤 변화가 왔는지 보세요. 우리는 소설 맨 앞에서 읽었던, 이 바텀 마을이 생긴 과정에 대한 검둥이 농담을 기억해요. 백인 농부가 흑인 노예에게 신의 땅이라면서 척박한 산꼭대기의 땅을 주었지요. 이곳에도 변화가 생겼군요. 언덕 위에 살던 흑인들은 돈을 벌어 백인들이 사는 계곡으로 떠났고, 반대로 백인들은 언덕 위로 올라와 강을 내려다보며 사는군요. 땅값은 오르고 흑인들은 다시 언덕으로 이사 올 수가 없어졌군요.

강에서 멱 감던 사내아이들도 사라졌어요. 강은 오염되었어요. 점잖게 지느러미를 흔들며 헤엄치던 물고기들, 더 이상 볼 수 없어요. 변화는 이것만이 아닙니다. 옛날 생활방식은 사라졌어요. 집집마다 텔레비전과 전화가 생기고 서로 마실을 오가던 습관도 사라집니다. 무엇보다 양로원들이 많이 생기고 흑인들도 그곳에 노인들을 보내기 시작했어요.

넬은 이제 그 옛날 술라가 강제로 양로원에 보낸 에바를 만날 것입니다. 이에 앞서 지난 20년 동안의 음울하고 단조로운 넬의 삶이 묘사되는군요. 호텔 메이드로 일하며 아이들을 키웠고 두어 번 지나가는 남자친구들이 있긴 했지만, 지속적인 관계는 없었군요. 아이들이 자라자 그녀의 삶은 교회와 자원봉사로 좁혀지는군요. 좁고 어두운 긴 터널이 이어지는군요.

넬이 에바를 방문하고, 넬의 눈을 통해 황량한 양로원, 치매로 정신이 오락가락하는 에바를 우리도 봅니다. 그러나 바로 이곳에서, 이런 상태의 에바를 통해, 작가는 소설의 핵심을 전달합니다. 에바에 대한 작가의 존중을 그런 방식으로 표하는 것이지요. 정독하시기 바랍니다. 자, 양로원에서 에바와 넬이 나누는 대화를 길게 인용합시다. 에바는 넬을 보고 횡설수설하면서도 정곡을 찌르는 질문을 합니다.

■ ■ ■ "이름이 뭐라고 했지?"

"넬 그린이에요."

"와일리 라이트의 딸?"

"어머, 기억하시다니 기쁘네요, 미스 피스. 저와 제 아버지를 기억하시네요."

(…)

"어떻게 그 어린애를 죽였는지 말해봐라."

"뭐라구요? 어린애라니요?"

"네가 물속에 던진 그 아이 말이야. 나한테 오렌지도 있어. 어떻게 그 아이를 물속에 빠트렸냐구?"

"전 어린애를 물속에 던진 적 없어요. 그건 술라예요."

"너와 술라. 무슨 차이가 있어? 너도 거기 있었잖아. 넌 보고만 있었잖아. 안 그래? 나, 절대 보고만 있지 않았을걸."

"혼동하시는 거예요, 미스 피스. 전 넬이에요. 술라는 죽었고요."

(…)

"누가 그런 거짓말을 했나요? 어째서 제가 그 일을 한 것처럼 억지를 쓰세요?"

(…)

에바는 다림질을 멈추더니 넬을 쳐다봤다. 처음으로 그녀의 눈이 정상으로 보였다.

"제가 떳떳하지 못하다고 생각하세요?" 넬은 속삭이듯 물었다.

에바도 속삭이듯 답했다. "너보다 더 잘 아는 사람이 누가 있냐?" (168–169)

어떠세요? 치매 걸린 아흔 살 된 에바와 넬의 대화는 우리를 숨죽이게 하는군요. 시효가 지난, 물증 없는 범죄를 놓고 탐정과 범인 사이에 집요하게 오가는 말을 듣는 듯하군요. 자, 넬이 자신의 유죄 여부를 인정하는 것은 법적 · 사회적 문제가 아닙니다. 그것은 오로지 넬 자신의 일이에요. 넬이 자신에게 정직한가, 자기 대면을 하는가예요. "제가 떳떳하지 못하다고 생각하세요?" 그러므로 넬의 이 질문은 에바가 아니라 자신에게 하는 것이지요. 무의식 속에서 넬 자신도 그때의 일에 대해 떳떳하지 못하다는 뜻일까요?

좀 더 봅시다. 에바는 그 옛날 강물에 빠져 죽은 어린 소년의 일을 되살리고 있어요. 그건 술라라고 항변하는 넬에게 너와 술라의 차이가 없다고 해요. 너도 거기 서서 지켜보지 않았냐. 그러니 네가 술라 아니냐. 이 말에 주목합시다.

넬의 말대로 분명 그 일은 술라와 소년 사이에 일어났어요. 넬은 옆에서 지켜보았을 뿐이에요. 그런데 에바는 무서운 지적을 하고 있어요. 사건의 현장에서 지켜보기만 했던 넬에게 "너도 공범자야. 너도 똑같아"라고 말해요. 물속으로 뛰어들지도 않고 사람들에게 알리지도 않은 넬을 지적하는 거예요. 자, 현장에 있으면서도 보복이 두려워서, 귀찮아서, 꼼짝할 수 없어서 지켜보기만 하는 것, 작가는 이에 대한 고발을 치매끼 있는 에바의 입을 통해 하고 있어요.

이런 지적이 무슨 소용이 있을까요? 작가는 그런 지적이 중요하다는 것을 넬의 행동을 통해 보여줍니다. 허둥지둥 양로원을 나온 넬에게 어떤 변화가 일어나는지 보세요.

에바의 말이 넬을 교란시킨 이유는 무엇일까요? 천천히 펼쳐지는 기억 속의 그 장면으로 넬을 따라가보지요. 보라색과 흰색이 어우러진 원피스를 입은 술라가 강둑에 서서 소년의 손을 잡고 빙빙 돌리고 있었어요. 소년은 깔깔대며 웃다가 순식간에 강물 속으로 사라져요. 기억은 계속됩니다. 넬은 자신에게 묻는군요. 이 부분이 중요합니다. 처음으로 넬은 자기에게 질문을 하면서 자신을 객관적으로 봅니다. 그때 넌 무엇을 느꼈지? 강 건너 쉐드렉의 오두막에 갔던 술라는 돌아와서도 계속 울었지요. 그러나 넬은 내내 침착했어요.

우리, 알려야 되잖아?

그가 봤대?

모르겠어. 못 본 것 같아.

그냥 가자. 그 애를 살릴 수도 없잖아.

"넌 지켜보고만 있었잖아"라는 에바의 말에 넬은 평생 동안 잊고 있었던 질문을 되살려냅니다. "그 일이 일어났을 때 왜 난 기분 나쁘지 않았지? 어째서 아이가 물속으로 빠지는 것을 보고도 난 기분이 좋았던 거지?" 넬은 처음으로 그 당시의 자신의 감정을 솔직하게 인정하는군요. 넬의 생각은 계속됩니다.

그동안 넬은 술라가 이성을 잃고 있을 때 자신은 차분했던 것을 자랑스럽게 여기고 있었군요. 그런데 이제 보니 자신이 침착했던 것이 실은 즐거운 흥분 뒤에 오는 평온함이었군요. 소년의 몸이 물속으로 가라앉을 때 일어났던 소용돌이가 곧 잔잔해진 것처럼, 그녀의 평온함이란 흥분 뒤의 만족감이었던 것이지요. 그것을 자신의 침착함이라 생각하고 자부심까지 느꼈던 것입니다. 그렇습니다. 에바의 말에 넬은 이렇게 외면해왔던 자신의 감정을 세세하게 기억해내고 있어요.

에바의 말에 기억나는 장면이 또 있지요? 술라의 엄마 한나가 마당에서 불이 붙어 펄펄 뛸 때 술라는 2층에서 지켜보고만 있었지요? 에바가 넬에게 다그쳤던 말뜻이 이제 분명해지네요. "너희 둘은 똑같아. 넌 지켜보기만 했잖아. 난 절대로 그러지는 않아." 그렇지요. 에바는 지체 없이 목발로 유리창을 깨고 한나를 향해 뛰어내리지 않았나요?

에바의 말에 당황한 넬은 그날의 일정을 중단할 수밖에 없었어요. 서둘러 양로원을 나와 마을의 외진 곳, 흑인 묘지를 지나갑니다. 넬의 기억 속에서 술라가 죽은 뒤 묘지에 묻히기까지의 과정이 되살아나는군요. 그렇군요. 살아 있을 때와 마찬가지로 술라는 죽은 뒤에도 끝까지 마을 사람들로부터 배척당했군요. 술라의 죽음이 알려진 후 하루가 지나도록 아무도 달려오지 않았군요.

마을 사람들의 이 고집스러운 배척은 참으로 이해하기 어렵습니다. 마을의 악명 높은 창녀가 죽었을 때조차도 사람들은 그처럼 묵살하지 않았으니까요. 사람들은 자신들의 삶의 방식을 무시하고 끝까지 당당했던 술라를 죽어서도 용서할 수 없었던 것일까요? 술라의 장례는 넬의 주도하에 백인들에 의해 치러졌습니다. 다행히도 그녀가 남긴 사망보험 덕분에 품위 있는 장례였지요.

그 오랜 세월이 지난 뒤, 이제 에바의 말을 듣고 나서야, 이렇게 넬의 무의식 속에 잠겨 있던 기억들이 되살아납니다. 그리고 넬은 자신에 대한 진실을 인정합니다. 그래요. 기억의 역할입니다. 이 부분에서 작가는 더 이상의 서술을 생략하고 곧바로 본론을 말합니다. 그런 뒤 지체 없이 소설을 끝내요. 자신도 술라와 다르지 않다는 것을 깨닫게 되자, 갑자기 넬은 주위를 두리번거려요. 친구를 찾아요. "술라? 술라?" 절규하듯 토해내요. 보세요. 그 순간 무슨 일이 일어나는지 보세요.

작은 회색 먼지공, 생각나지요? 주드의 가출 뒤 넬을 계속 따라다니던 그 불길한 작은 공. 지금까지 외면해온 넬 자신의 황량한 삶의 모습. 그런데 이제까지 꿈쩍도 하지 않던 나뭇잎들이 문득 움직이고 진흙더미가 들썩여요. 나뭇잎 썩는 냄새가 나요. 작은 먼지공이 터지더니 산들바람을 타고 수선화처럼 사방으로 흩어져요. 그러면서 그토록 애써도 나오지 않던 울음이 터집니다. 그렇군요. 넬이 자신의 실체를 인정하고 나니, 그 회색 공은 흩어지는군요. 이어지는 넬의 절규를 보세요. "이 모든 세월 동안 내가 잃어버린 것, 그리워한 것은 주드인 줄 알았는데." 곧 이런 문장이 이어집니다. "상실감이 그녀의 가슴을 짓누르더니 목구멍으로 치솟아 올랐다. '우리는 모두 소녀였지.' 그녀는 무엇인가 설명하려는 듯 말했다. '소녀들, 소녀들…'"

그렇습니다. 넬이 자기 자신을 인정하는 것은 자기 속의 술라를 인정하는 것입니다. 이 부분에 주목합시다. 그동안 넬이 잃어버리고 그리워한 것은 술라였던 것이지요. "난 내가 될 거야. 누구의 딸도 아니고 누구의 무엇도 아닌, 멋진 내가 될 거야." 이런 다짐을 했던 넬 자신이었지요. 이를 뒤늦게 아프게 깨닫게 된 것, 넬의 절규가 이어지는 이유입니다. 그러나 작가는 이에 대한 설명 없이 곧바로 소설을 끝냅니다. 우리도 책을 덮습니다.

강의를 마치며

강의가 끝나고도 넬의 절규가 계속되는 듯합니다. "그동안 내가 잃어버린 것이 주드인 줄 알았는데… 그런 줄 알았는데… 우리는 모두 소녀였지… 그랬었지…."

술라의 목소리도 들리는 듯합니다. "내 외로움은 내 꺼야. 그러나 너의 외로움은 다른 사람 때문에 생긴 거잖아… 너희들이 어떻게 사는지 내가 모르는 줄 알아… 난 정말로 내 삶을 살았으니까… 천지개벽이 일어나야겠지만, 그러나 사람들은 날 사랑하게 될 거야…."

소설 속에서 술라가 죽은 지 20여 년, 세상은 정말 변했습니다. 넬의 울음을 통해 작가는 변화된 세상이 그녀를 사랑하게 될 것이라는 술라의 믿음이 옳았다고 말합니다. 넬이 평생 동안 잊고 살았던 것은 넬 자신 속에 있는 또 하나의 자기, 나는 나야, 라고 다짐하던 자신이었으니까요. 술라가 대변하는 것들, 세상의 편견 속에서 자신을 찾고자 했던 그 모습이었으니까요. 술라는 넬이 인습 속에서 억제하고 외면했던 자신이었으니까요.

그러고 보면 술라는 세상을, 그 속에 있는 자신을 객관적으로 볼 수 있었던 것이지요. 인습이 무엇인지, 그 입장에서는 자신의 삶이 어떻게 보이는지 알고 있었던 것이지요. 이런 통찰력이 술라를 자신으로 설 수 있게 한 것이지요.

다시 한 번 정리해봅시다. 이 책은 1차 대전 이후 전쟁 후유증으로 자살의 날을 정했던 쉐드렉의 이야기로 시작했어요. 그리고 20여 년이 지난 뒤 쉐드렉이 지켜보는 가운데 마을 사람들이 터널을 파괴하며 그 속으로 매몰되는 대참사로 끝나요. 시대적 혼돈과 기존 질서의 붕괴를 개인들의 삶과 긴박하게 연결시켰어요.

술라가 죽는 1941년과 소설이 마무리되는 1965년 사이 세상은 엄청난 변화를 거치지요. 2차 대전과 홀로코스트, 그리고 1950년대에는 매카시 광풍이 불어닥쳤어요. 남부의 몽고메리에서는 흑인 여성 로자가 버스의 백인 좌석에서 일어나기를 거부했고, 이를 계기로 인종 차별을 거부하는 버스타기 운동이 일어났어요. 뒤이어 인권운동을 주도하던 마틴 루터 킹의 암

살, 케네디 대통령의 암살도 있었어요. 무엇보다도 1960년대에는 반문화운동이 미국 사회 전역을 휩쓸었지요. 보수 기득권에 대항하여 맨발의 젊은이들, 히피들이 아이비리그를 떠나 머리에 꽃을 꽂고 샌프란시스코로 순례하듯 모여들었어요. 베트남 전쟁을 반대하며 사랑하라, 평화를 만들라, 열창했어요. 그래요. 세상은 그렇게 변했어요.

이런 시대적 변화 속에서 술라의 이야기를 마무리하면서 작가는 무엇을 말하는 것일까요? 넬의 삶을 통해 보여준 경직된 질서에 대한, 그리고 술라의 삶이 보여준 새로운 질서에 대한 그 자신의 비전은 무엇인가요? 좀 더 보세요.

넬은 주드와 결혼하면서 인습이 기대하는 착한 여자가 됩니다. 아이들과 남편을 위해 희생하고 사랑하고 용서해요. 그러나 이를 위해 대가를 치러야 합니다. 넬 속의 독립적인 자아를 억제하고 세상의 질서에 순응해야 합니다. 주드의 가출 이후 넬 주위를 맴도는 불길하고 더러운 회색 먼지공, 이것은 타성에 젖은 넬 자신의 모습이었지요. 실종된 원래의 자기 모습이었지요. 그러나 넬은 에바의 개입이 있기 전까지는, 자신의 이런 상태를 보지 못했어요. 순응이란 이래서 자기만의 눈을 부정하는 상태입니다.

모리슨은 넬을 통해 무엇을 보여주나요? 잘못된 제도에 순응하는 삶의 취약성이지요. 자신을 방기하고 공동체에 복종한다

해도 삶의 돌발성 앞에서 그 보호망은 지속되지 못합니다.

술라의 삶에 대한 작가의 입장은 무엇인가요? 우리가 술라를 좋아하거나 싫어하는 것은 핵심이 아니에요. 중요한 것은 누구의 입장에서 어떤 눈으로 술라를 보는가, 이지요. 세상의 눈으로 볼 것인가, 왜곡된 제도를 비판하고 이를 변화시키려는 눈으로 볼 것인가. 우리의 과제입니다.

백인도 남성도 아닌 흑인 여성들에게 자기 성취를 차단하는 사회. 이를 부정하고 자기를 확인하려는 것. 술라의 삶은 그런 입장에서 논의되어야겠지요. 그런데 말이지요, 작가는 술라의 삶이 무엇을 향해, 어디를 향해 가는 것이라고 말하려는 것일까요?

소설 속에서 1차 대전 이후의 시간 · 공간적 배경을 명백하게 제시했던 작가의 의도를 우리는 새삼 이해할 듯합니다. 이 시기 미국 사회는 정치 · 문화적으로 발전했지만 그러나 여전히 흑인들에게 배타적이었지요. 그런 제약 속에서 술라의 삶이 보여준 것은 새 질서를 향한 가능성이 아니었을까요?

앞에서 우리는 술라가 투쟁적인 여전사는 아니라고 했어요. 그러나 잘못된 인습에 순응하지 않고 자기의 삶을 선택한 그녀는 진정한 전사가 아닐까요? 그래서 공동체가 그녀를 위험한 여자로 낙인찍은 게 아닐까요?

이런 맥락에서 소설 『술라』가 1973년 발표되고 2년 후에 나온, 아시아계 미국 문학에 일대 혁신을 가져온 맥신 홍 킹스턴 Maxine Hong Kingston의 소설 제목이 『여전사The Woman Worrior』인 것은 시사하는 바가 큽니다. 자기 목소리를 찾기 위한 중국인 이민 2세 소녀의 힘겨운 성장 과정을 다룬 이 소설은 강렬한 술라의 세계와 맥을 같이하니까요.

끝으로 술라의 삶에 대한 작가의 입장을 다시 상기합시다. 작가는 술라의 삶의 시대적 제약을 보여주면서 동시에 그녀의 실험적인 삶이 갖는 한계를 지적합니다. 그래요. 술라에게는 그녀의 창의성과 상상력을 쏟아 부을 구체적인 대상, 예술, 학문 또는 일, 그 어느 것도 없었어요. 모리슨은 그런 술라의 삶을 표현 방식 또는 대상을 찾지 못한 예술가의 삶에 비유했어요. 이 부분을 우리가, 여러분이 귀담아 들어야 합니다. 모든 것에도 불구하고 우리 삶의 책임은 자신에게 있다는 것을 작가는 강조하고 있어요.

자, 강의를 끝내면서 생각해봅시다. 21세기, 국경과 젠더, 세대와 가족의 경계가 모호해지는 이 시대에, 거대 도시 서울의 중심에 서 있는, 주류 가치를 지향하는 여러분의 삶의 비전은 무엇인가요? 넬과 술라의 삶은 여러분의 의식에 어떤 변화와 성찰을 요구하나요? 이 소설을 읽으면서 우리가 얻게 된 질문들을 계속 고민해야겠지요.

다시 만납시다. 안녕.

작가 연보

1931 2월 18일, 오하이오 주 로레인에서 조지George와 엘라 라마 워포드Ella Ramah Wofford 사이에서 태어났다. 본명은 클로이 아델리아 워포드Chloe Ardelia Wofford.

1949 로레인 고등학교를 졸업했다.

1953 하워드대학교에서 영문학을 전공했다.

1955 코넬대학교 대학원에서 「버지니아 울프와 윌리엄 포크너의 소외된 이들에 대한 논의Virginia Woolf's and William Faulkner's Treatment of the Alienated」라는 논문으로 영문학 석사학위를 취득했다.

1955-57 텍사스남부대학교에서 영문학 강사로 재직했다.

1957-64 하워드대학교로 돌아와서 영문학 강사로 재직했다.

1958 자메이카 출신의 건축가 해롤드 모리슨Harold Morrison과 결혼해, 두 아들을 두었다.

1964 해롤드 모리슨과 이혼하고, 두 아들과 함께 로레인으로 돌아왔다.

1965-67 랜덤하우스의 자회사인 엘 더블유 싱어L. W. Singer 출판사에서 편집자로 일하기 시작했다.

1970 첫 소설 『가장 푸른 눈The Bluest Eye』을 출판했다. 랜덤하우스 뉴욕 본사 상임 편집자로 승진했다.

1971-72 펄처스 뉴욕주립대학교에서 부교수로 영문학을 가르쳤다.

1973 두 번째 소설 『술라Sula』를 출판했다.

1974 『술라』로 전미 도서상American Book Award 후보로 지명됐다. 『술라』로 오하이오주도서상Ohioan Book Award을 수상했다. 『블랙 북The Black Book』의 편집위원으로 활동했다.

1976-77 예일대학교에서 방문교수로 재직했다.

1977 세 번째 소설 『솔로몬의 노래Song of Solomon』를 출판했다.

1980 카터 대통령에 의해 전미 예술위원회 위원으로 임명됐다.

1981 『타르 베이비Tar Baby』를 출판했다.

1984 18년간 일했던 랜덤하우스에서 퇴직했다.

1984-89 알바니 뉴욕주립대학교 인문학부에서 알버트 슈바이처 교수Schweitzer Professor로 재직했다.

1986 희곡 『꿈꾸는 에멧Dreaming Emmet』이 알바니 마켓플레이스 극장에서 상연됐다. 『꿈꾸는 에멧』으로 뉴욕 주지사 예술상New York State Governor's Art Award을 수상했다.

1986-88 바드 컬리지에서 방문교수로 재직했다.

1987 다섯 번째 소설 『빌러비드Beloved』를 출판했다.

1988 『빌러비드』로 퓰리처상Pulitzer Prize for Fiction 및 로버트

케네디상Robert F. Kennedy Award을 수상했다.

1989 프린스턴대학교 인문학부의 로버트 에프 고헨 교수Robert F. Goheen Professor로 임명됐다. 미연방 모던 랭귀지 연합상의 문학부문상Modern Language Association of America Commonwealth Award in Literature을 수상했다. 사라 리 기업 프런트 러너상의 예술부문상Sara Lee Corporation Front Runner Award in the Arts을 수상했다.

1990 키안티 루피노 안티코 파토르 국제 문학상Chianti Ruffino Antico Fattore International Literary Prize을 수상했다.

1992 여섯 번째 소설 『재즈Jazz』와 평론집 『어둠 속의 유희Playing in the Dark』를 출판했다.

1993 노벨문학상을 수상했다. 프랑스 문화예술공로훈장Commander of the Order of Arts and Letters을 수여받았다.

1994 펄벅 상Pearl Buck Award 및 콩도르세 메달Condorcet Medal을 수상했다.

1996 전미 인문학기부재단National Endowment for the Humanities에 의해 제퍼슨 렉처Jefferson Lecture의 강의자로 선정됐다. 전미 도서기금 메달National Book Foundation Medal을 수여받았다.

1997 일곱 번째 소설 『낙원Paradise』을 출판했다. 소설 『빌러비드』가 영화화되었다.

1999 둘째 아들 슬레이드 모리슨과 공동 저자로 아동문학 『큰 상자The Big Box』를 출판했다.

2002 슬레이드와 공동 저자로 『야비한 사람들에 관한 책The

Book of Mean People』을 출판했다.

2003-05 슬레이드와 공동 저자로 『누가 승자일까요?: 개미와 배짱이 이야기Who's Got Game: The Ant and the Grasshopper?』와 『누가 승자일까요?: 사자와 생쥐 이야기Who's Got Game: The Lion or the Mouse?』를 2003년에, 『누가 승자일까요?: 농부와 뱀 이야기Who's Got Game: The Poppy or the Snake?』를 2004년에, 『누가 승자일까요? 거울과 유리 이야기Who's Got Game: The Mirror or the Glass?』를 2005년에 출판했다.

2003 여덟 번째 소설 『사랑Love』을 출판했다.

2004 비소설 『기억하라: 학교 인종 차별 철폐로의 여정Remember: The Journey to School Integration』을 출판했다.

2005 옥스퍼드대학교에서 명예문학박사학위를 취득했다.

2006 프린스턴대학교 교수직을 퇴임했다.

2008 아홉 번째 소설 『자비A Mercy』를 출판했다.

2010 잡지 『네이션The Nation』의 편집위원으로 활동했다.

2012 희곡 『데스데모나Desdemona』를 출판했다.

2013 열 번째 소설 『고향Home』을 출판했다.

서숙 교수의 영미소설 특강 5

술라

펴낸날 1판 1쇄 2013년 12월 27일 | **지은이** 서숙

펴낸이 김훈순 | **펴낸곳** 이화여자대학교출판부
주소 서울특별시 서대문구 이화여대길 52(우 120-750)
등록 1954년 7월 6일 제9-61호
전화 02) 3277-2965(편집) 02)362-6076(마케팅)
팩스 02) 312-4312
전자우편 press@ewha.ac.kr | **홈페이지** www.ewhapress.com
책임편집 이혜지 | **디자인** 정혜진 | **찍은곳** 한영문화사

© 서숙, 2013
ISBN 978-89-7300-993-0 04840
ISBN 978-89-7300-855-1 (세트)

값 9,000원

* 잘못된 책은 바꾸어 드립니다.

이 도서의 국립중앙도서관 출판시도서목록(CIP)은 서지정보유통지원시스템 홈페이지(http://seoji.nl.go.kr)와 국가자료공동목록시스템(http://www.nl.go.kr/kolisnet)에서 이용하실 수 있습니다. (CIP제어번호 : CIP2013027124)